KB190893

포 도 원 의   품 꾼 으 로

포도원의 품꾼으로

초판 1쇄   2009년 3월 30일

전태규 지음

발 행 인 | 신경하
편 집 인 | 김광덕

펴 낸 곳 | 도서출판 kmc
등록번호 | 제2-1607호
등록일자 | 1993년 9월 4일

(100-101) 서울특별시 중구 태평로1가 64-8 감리회관 16층
(재)기독교대한감리회 출판국

대표전화 | 02-399-2008, 02-399-4365(팩스)
홈페이지 | http://www.kmcmall.co.kr
             http://www.kmc.or.kr

디자인·인쇄 | 리더스 커뮤니케이션 02)2123-9996/7

값 10,000원
ISBN 978-89-8430-412-3 03230

포도원의 품꾼으로

전태규 지음

kmc

선친의 올곧은 성품과 목양 일념의 신앙을 이어받아 2대째 목회자의 길을 걷고 있는 전태규 목사는 일찍부터 소명을 받고 누구보다도 존경하여 마지않는 선친의 목회 일생을 지켜보면서 자연스레 터득된 목회 철학을 바탕으로 비전 있는 목회를 펼쳐 오고 있다.

그래서 전 목사는 성도들에게 베푸는 데 인색하지 않는 '사랑방목회'에 주력하면서 삶의 현장에서 지친 사람들에게 끊임없이 용기를 심어주고 비전을 불러일으키는 '비전 목회'에 많은 시간을 할애한다. 바쁜 스케줄 가운데서도 성도들의 희로애락까지 챙기는 부지런함은 자타가 인정하고도 남는다. 그래서 전 목사의 하루의 일과가 끝나는 시간은 새벽 2~3시가 평균이다.

잠시 눈을 붙이는가 하면 곧바로 새벽 기도회를 시작으로 성도 심방에, 크고 작은 부흥단체의 책임자와 실무자로서의 리더십 발휘, 부흥회 인도, 그리고 관련 단체와 기독언론사와의 격의 없는 관계 유지 등으로 매일매일 수첩일지가 모자랄 지경이다. 칭찬이 인색한 교계의 분위기를 감안한다면 전 목사에 대한 여러 흉이 나올 법도 하지만 그를 깊이 아는 목회자나 평신도들은 이구동성으로 칭찬을 아끼지 않는다. 성실하게, 결코 요령을 부리지 않고 최선을 다하는 전 목사 주위에는 그래서 그를 아끼는 사람들이 많다. 그에게 계속해서 교단이나 단체에서의 주요한 직책이 주어지고 있는 것만 봐도 알 수 있다.

그는 맡겨진 일을 열심히 하는 것으로 교회 지도자들에게 깊은 인상을 심어 주고 있으며, 이를 계기로 감리교회 성장의 중추 역할을 자임하며 발족된 21세기감리교성장선교회 상임회장으로 발탁되었고, 지난해는 감리교 전국부흥단 상임부단장을 맡는 등 그를 향한 기대가 한층 높아만 가고 있다. 전태규 목사는 목회와 동시에 일찍부터 부흥사로서 활동을 시작, 부흥계의 차세대 지도자로서도 우뚝 자리 잡고 있는데 부흥계의 실무 행정 책임자로서의 리더십이 탁월하다는 평판이다.

이 책 역시 저자가 목사와 부흥사로 활동하면서 느꼈던 좋은 것들을 글로 옮겨 오늘에 이르러 귀한 옥동자가 태동하였다고 여겨서 축하를 보내고 싶다. 그동안 여러 저서를 출판한 전 목사는 담임목사로, 부흥사로, 행정가로 그리고 세미나(속회) 강사로서의 그 바쁜 사역 가운데서도 자정이 되었던 새벽이 다가오던 하루를 마감하는 자리에서는 꼭 글을 남기는 참으로 좋은 학자적 습관이 또 하나의 책을 세상에 드러나게 하였다는 데 모든 목회자가 본받아야 할 자세라 하겠다.

나는 그를 바라볼 때마다 '감리교회의 보배' 라는 생각을 갖는다. 앞으로도 하나님이 택한 사람 전태규 목사의 삶을 통해 사람들에게 감동을 주는 하나님의 역사가 기록되기를 기대한다. 끝으로 이 책을 구입해 일독하는 자는 틀림없이 성공하게 될 것을 확신하면서 추천하는 바이다.

기독교대한성결교회

증경회장 **홍순우** 목사

하나님이 세우시고 귀히 쓰시는 우리의 신실한 동역자 전태규 목사님께서 「포도원의 품꾼으로」라는 제목의 칼럼집을 펴낸 것을 진심으로 축하드립니다.

그는 이미 목양으로 노심초사하는 일선 목회자들과 신앙 성장을 위해 몸부림치는 성도들을 위한 실제적 길잡이인 「속회 활성화를 위한 7 키워드」, 「목사님 짱이야!」, 「모두 다 사랑하라」, 「주의 종이 되어 행복하게 살았네」 등의 저서를 낸 바 있어, 이번에 신문에 기고했던 글들을 엮어서 상재(上梓)한 이 노작은 다섯 번째 출판물인 셈입니다.

칼럼은 일반적으로 신문 지면에 매일 일정한 자리에 연재되는 단평란(短評欄)을 말합니다. 대개 날카로운 풍자(諷刺)를 담고 있는 경우가 많아, 필자의 권위에 의해서 어떤 글보다도 읽는 이에게 영향을 끼치는 부분이 많은 글을 일컫습니다. 그래서 이번 전태규 목사님의 저서가 한국 기독교의 신앙 저변에 새로운 영적 각성과 성장의 지평을 열게 되리라 확신합니다.

성실한 목회자, 영적 각성에 불을 지피는 부흥사, 후학을 가르치는 교수, 그리고 꾸준한 저술을 통해 많은 사람에게 감동을 주고 있는 전 목사는 타고난 부지런함으로 성도들을 돌보며, 기독교 여러 단체에서의 맡겨진 일과 부흥회 인도 등으로 눈부시게 활동하고 있습니다. 나아가 전태규 목사님은 감리교 전국부흥단 대표단장, 감리교회 성장의 중추적 역할을 위해 발족된 21세기감리교성장선교회의 상임회장, (사)한국기독교부흥협의회 실무회장 등 동분서주하면서 50대 중반의 가장 완숙한 활동을 펼치고 있습니다.

하나님과 성도들 그리고 우리 동역자들 앞에서 혹은 뒤에서 언제나 신실함과 충성스러움으로 탄탄하게 자리매김하고 있는 전태규 목사님을 우리 모두는 자랑스럽게 생각하고 또한 계속적인 왕성한 활동을 기대합니다. 더불어 이 귀한 저서를 추천하면서 앞으로도 그의 활화산과 같은 열정의 붓 끝에서 귀한 저작물들이 계속해서 상재되기를 기도합니다.

우리의 삶(인생)은 한번 지나가는 것으로 문을 닫습니다. 어제는 지나갔고, 내일은 보장이 없습니다. 그러므로 하나님께서 허락하신 오늘의 삶이 귀하고 가슴 벅찬 일인 것입니다. 어제의 그들이 그토록 원하던 오늘을 살고 있음을 감사하면서 날마다 기쁘게 살고 열심히 살며 낙심하지 말아야 한다고 가슴 뜨겁게 호소하는 전태규 목사님의 「포도원의 품꾼으로」를 모든 목회자들과 성도들이 읽고 또 읽어서 삶의 전 영역에서 새로운 신앙적 각성이 일어나기를 우리 주 예수 그리스도의 이름으로 축원합니다.

(사)세계복음화중앙협의회 총재

이호문 감독

저는 전 목사님을 신학대학원 시절부터, 그리고 전 목사님이 유니온신학대학 박사 과정을 다니실 때 선생의 입장에서 목사님을 가까이서 대할 수 있는 기회가 있었습니다. 그는 복음에 대하여 열정적이셨고, 특별히 열심이 있는 목회자였습니다. 어떤 목표를 세우면 분명히 이루고야마는 근면의 사람이었습니다. 전 목사님의 근면성과 열심은 부흥단 일원으로서의 활동에서도 그 전모가 잘 드러나고 있습니다.

감리교 부흥단의 일이라면 어떤 일이라도 마다하지 않으시고 궂은일에서부터 중요한 일에 이르기까지 계속적으로 봉사하시더니 드디어 감리교 부흥사를 대표하는 부흥단장이 되시게 된 것입니다. 그가 인도하는 집회 현장과 여러 단체에 속하여 일해 오는 과정에서 만난 사람들과의 관계 속에서 귀한 보석을 발견하여 그것을 기독교 언론에 게재하여 많은 사람들과 함께 은혜를 나눠 오시던 중, 금번에 감리교 부흥단장 취임식을 계기로 귀한 책을 출판하시게 된 것입니다.

감리교 창시자인 웨슬리의 귀한 저서를 통하여 오늘날에도 많은 은혜를 받듯, 전 목사님에게 은혜 주시고 깨닫게 하신 귀한 옥과 같은 글들을 통해 읽는 이들마다 사막의 오아시스와 같은 귀한 생수를 맛보게 되시기를 바랍니다. 앞으로도 연구의 자세를 계속하셔서 목회와 신앙생활에 도움을 주는 좋은 글이 계속 나오게 되리라 믿으며 기쁘게 추천을 합니다.

목원대학교
이요한 총장

정상에 오르시라

육명길 목사
(다은교회 담임)

전 전부터 알았던 분
부흥사 연수원 마지막 관문
제주도 마라도에서
지란지교를 나누었다오

태 태초부터 선택되셨네요
부드러움, 관용, 겸손의 대명사
계속 이루어지는 것 감사하옵나이다

규 규칙을 좋아 하시는 웨슬레의 후예
하나님 → 예수님 → 바울 → 어거스틴
→ 웨슬레 → 태규 → ?

목 목적은 하늘나라 확장 운동
수단은 진실과 열정이라
요담왕은 정직함으로 점점 강하여 가더이다

사 사도정신은 마지막까지 진실이라
마지막 이기는 자는
진실한 자라 하셨네(계 17:14)
정상에 오르시라
크게, 귀하게,
오래오래 쓰임받으시라

영화감독, 현장감독, 시험감독 다 좋다 하지만
메도디스트 베스트 사령관이 꼭 되시라

　　모든 영광을 하나님께 돌립니다. 아버님께서는 생전에 저에게 "주님의 일꾼이 되는 것이 가장 영광스러운 일이며, 이 세상에서 어떤 일보다 존귀하다."고 말씀하셨습니다. 그리고 하나님께서는 특별히 사랑하시고 믿을 만한 사람을 택하시어 이 고귀한 직분을 맡기신다고 하셨습니다. 그러기에 목사의 직분을 선물로 받은 사람은 감사와 감격으로 충성스럽게 이 일을 잘 감당해 나가야 한다고 말씀하셨습니다.

　　하나님의 섭리 가운데 목사가 되었으면 이왕이면 부흥사가 되어 보다 폭넓은 목양을 경험하는 것이 유익하다는 말씀을 덧붙이셨습니다. 그리하여 저는 아버님의 뜻을 따라 1993년도에 감리교 부흥단에 입단하여 오늘날 부흥회를 인도하는 부흥사가 되었습니다. 사람은 만남을 통해 운명이 결정된다는 부모님의 말씀을 기억하면서 내가 만난 이들 속에서 귀한 보석을 찾으려고 힘써 왔으며 그것을 나의 것으로 삼으려고 노력하며 오늘까지 살아왔습니다.

　　그동안 맡은 자의 구할 것은 충성이며 작은 일에 충성하면 큰일도 맡기신다는 말씀을 품고 일하다 보니, 여러 단체에서 직책을 맡아 일하게 되었고 자연스럽게 언론과도 관계를 맺어 가끔씩 원고 청탁을 받게 되었습니다. 그것을 기회로 알고 나름대로 글을 써서 신문에 기고하였던 것이, 오늘날 이런 기쁜 결과를 낳게 되었습니다.

한 세대가 가면 또 다른 한 세대가 오듯, 아버지의 뒤를 이어 목회하는 저에게 있어 목회의 길은 좁은 길이지만 십자가의 길만이 아닌 영광스러운 길이요 보람 있는 사역이라는 것을 말씀드리고 싶습니다. 은혜 속에서 자랑스럽게 경험한 것을 두 아들과 후배들에게 진솔하게 소개하고픈 심정이 이 칼럼집에 녹아 있습니다.

이 책이 나오기까지 협력해 주신 출판국 김광덕 총무님께 감사드리며, 추천의 글을 써 주신 제가 존경하고 따르는 홍순우 목사님, 한국의 대표적인 부흥사 이호문 감독님, 인생 여정의 부족함을 채워 주신 이요한 총장님께 진심으로 감사드리며, 아름다운 책으로 가꿔 주신 도서출판 kmc의 고마움도 잊을 수 없습니다.

이 작은 책을 세상에 내놓을 수 있게 해 주신 우리 하나님과 감리교회를 사랑하시어 사역하시다 먼저 하늘나라에 가신 아버님(전병권 목사), 생존해 계시며 기도해 주시는 어머님과 형제들, 아내(박성혜), 저의 뒤를 이어 가는 아들(남권, 남욱), 그리고 그리스도 예수의 피로 사신 서광교회의 모든 성도들과 내 삶의 여정에서 음으로 양으로 도움을 주신 모든 분들께 삼가 이 책을 바칩니다.

2009년 3월

감리교 전국부흥단 대표단장에 취임하면서

전태규 목사

❋ 차 례

그리스도의 훌륭한 일꾼이 되려면

그리스도의 훌륭한 일꾼이 되려면

선한 일꾼은 믿음의 말씀과 성경의 교훈으로
다른 사람들을 깨우쳐야 하는데,
그렇게 하다 보면 자신 또한 성장하게 된다.
그 성장은 오직 신앙 훈련으로만 가능하다.

감개무량한 나들이

　　춘천에서 목회하시다 지금은 고인이 되신 김연호 목사님이 쓰신 「눈물 젖은 빵을 먹어 본 자가 아니면 인생을 논하지 말라」라는 책을 많은 분들이 읽었을 것이다. 이 책의 영향 때문인지 목회자들은 이구동성으로 옛날 목회 생활이 매우 고생스러웠다는 말을 자주 한다. 현재 혹 어려운 일을 겪고 있다면, 지난날 가난 때문에 고생했던 시절을 잠시 생각해 보면 지금의 어려움을 이기는 데 큰 도움이 될 것이다. 그리하여 다시 한 번 감사하며 맡겨진 사명을 되새기는 계기를 갖기 바란다. 목회자는 무엇보다도 사명감과 콜링(calling)이 있어야 하겠다.

　　내가 태어났을 때는 이미 아버님이 공무원 생활을 하시다가 농촌 목회에 들어선 터라 나는 고생이 무엇인지 눈으로 보고 피부로 느끼면서 어린 시절을 보냈다. 5남매 중 내가 두 번째인데 나까지 유난히 고생이 많았다고 하면서 부모님은 미안하다고 하셨다.

나는 1974년에 성결신학교에 입학했는데, 기숙사의 차디찬 다다미방에서 새우잠을 자면서 공부하였다. 1학년을 마칠 무렵 강경지방 성민교회를 맡은 것이 나의 첫 목회 시작이다. 매주 금요일마다 공부를 마치면 영등포역에서 11시 30분에 떠나는 완행열차를 7~8시간씩 타야 했다. 안 그래도 좋지 않은 환경에서 학업 하느라 지친 몸인데 논산까지 가는 기차 또한 좌석이 없어서 꼬박 서서 가야만 했다. 나만의 고통은 아니었겠지만 어쨌든 기차에서 내리면 파김치가 되기 일쑤였다.

기차가 달리는가 싶으면 이 완행열차는 특급열차를 먼저 보내기 위해 어느 역에서 한참을 서 있곤 했다. 완행열차를 따돌리고 휙 지나가는 특급열차를 보고 있으면 절로 부러운 생각을 들었다. 특히 그 열차에 있는 식당 칸을 보고 있노라면 군침이 절로 나왔다. 성민교회에 가려면 논산역에 내려서 또다시 버스를 타야 했는데 새벽이라 버스를 바로 탈 수도 없었다. 한참을 떨면서 첫 차를 기다렸던 그때를 떠올리다 보면, 오늘을 사는 젊은 사람들이나 우리의 자녀들에게 이해를 구한다는 것이 정말 부질없는 일임을 느끼게 된다. 그 당시는 완행열차 요금도 만만치 않았다. 다행히 학교에서 30%나 되는 할인권을 사용할 수 있도록 해 주었다. '할인 인생'이다 보니 열차에서 대접이 좋을 리도 없다.

세월이 흘러 서울에서 목회를 한 지 29년째가 되었다. 얼마 전 부흥단에서 가깝게 지내는 목사님이 광양에서 개척을 하셨는데 이 목사님이 성전 건축을 하는 중이라는 이야기를 들었다. 모처럼만에 목사님에게 힘이 되어 드리고자 아내와 함께 광양으로 나들이를 하였다. 새마을열차 중에서도 특실 칸에 탔다. 더운 여름이었지만 그 안에서만큼은 전혀 더운 줄을 몰랐다. 얼마나 넓고 쾌적하고 편한지 침대용 의자에서는 에어컨이 나오고 서비스로 음료도 제공되었다. 옛날 그 완행열차 타던 시절이 막 떠오르면서 절로 콧노래가 나왔다. 아내가 옆에서 같이 갔지만 아내는 이런 지금의 내 심정을 제대로 읽을 리가 없다고 확신했다. 그 순간 우리 인생들이 이 세상에서 살다가 저 천국에 갈 때도 이와 같은 모습이 아닐까 하는 생각을 했다.

돌아올 때는 새마을열차가 아닌 보통 열차를 타고 왔는데 새마을과 비교가 많이 되었다. 그래도 과거를 생각하면 얼마나 감사하던지 감사로 나들이를 마감했다.

개미 군단

어느 목사님이 '여주'는 '여기에 주님이 계시다'라는 뜻이라고 했다는데, 나에게 있어 2006년도는 여주와 친해진 한 해였다. 1월에는 여주서지방 사경회에 초청되어 갔고, 같은 해 8월에는 여주동지방 연합성회에 초청을 받아 복음을 전했다. '꿈보다 해몽이 좋다'는 속담이 있는데, '여주' 또한 지명의 원래 뜻보다는 해석이 좋다.

내게 있어 여주는 잊을 수 없는 곳이다. 초등학교 시절 아버님은 청안교회에서 목회를 하셨다. 지교회로 삼교교회, 처리교회, 흔암교회에서도 인도하셨고, 가끔 강을 건너 철야 기도회를 인도하고 오셨던 강천교회 또한 잊지 못하는 곳이다. 기억이 생생할 수밖에 없는 이유는 먹을 것이 없어서 고생을 했기 때문이다. 쌀이 없어서 아침마다 수제비를 먹었는데 그때 질려서 난 지금도 수제비를 좋아하지 않는다. 어느 날 학교엘 같이 가기 위해 친구네 집에 갔다. 그 친구 아버지의 직업은 목수인데 그 집 또한 수제비를 먹고 있었다. 순간 '목'자 들어가는 집은 다 수제비를 먹는구나 하고 생각했다.

이런 기억은 훗날 신학교에 들어갈 때 갈등을 주는 원인이 되었다. 가난에 시달렸던 나는 꽤나 주저하였다. 성경에 까마귀를 통해 이스라엘 백성들을 먹이셨던 하나님의 역사는 과거 우리 아버지에게도 역사하셨다고 들었다. 어느 날 철야 기도회를 마치고 집에 돌아가시던 아버지는 어두운 비포장 길을 자전거로 가고 계셨는데, 앞서 지나가던 군용 트럭이 쌀 한 가마를 흘리고 가는 바람에 그것을 주워다 먹으며 하나님께 감사한 적이 있다고 했다.

그리고 또 하나 '여주' 하면 잊을 수 없는 것은 여주대교다. 내가 초등학교 다닐 때 완공되었는데 그 당시 개통식까지 구경하였다. 요즘도 가끔 그 위를 자동차로 달리노라면 감회가 새롭다.

여주는 동지방과 서지방으로 나뉘어 있었는데 참으로 화목한 분위기였다. 위의 어른부터 솔선수범하는 자세가 돋보였다. 큰 교회들은 자기주장만을 내세우지 않고 연합하려는 모습이었다. 선배 목사님들과 후배 목사님들은 순한 양같이 부드럽고 밝았다. 막 군대 전입한 사병들이 군기가 들어 긴장하는 모습과는 다르게 편안하면서도 각자 맡은 일을 알아서 해 나가는 모습이 매우 아름다웠다.

이 지방에서 가장 오래 목회하셨다는 김린 목사님(북내중앙교회)은 투철한 사명감으로 머슴처럼 헌신하는 모습이었다. 나보다 몇 살 많으신 데도 불구하고 탁구를 얼마나 잘 치시는지 내가 보기 좋게 졌다. 나는 3게임 치고 나니 숨이 가쁘고 힘이 쫙 빠졌는데 김 목사님은 20게임 정도를 쳐도 거뜬하다고 하셨다.

교회마다 역사가 깊다는 점도 자랑할 만하다. 아버님이 목회하셨던 청안교회가 1898년 4월 15일에 창립되었고, 북내중앙교회는 1898년 9월 2일에 창립되었다. 최근에 개척한 몇 교회를 제외한 삼군교회,

삼교교회, 강천교회 등 다수의 교회가 100년이 넘는 역사를 자랑하고 있다. 나는 요즘 역사를 매우 귀하게 생각하고 있다. 교회 부흥이야 지역에 따라 다르고 누가 하느냐에 따라 차이가 있을 수 있지만, 역사만큼은 사람이 할 수 없고 하나님만이 하실 수 있기 때문이다.

때마침 청안교회를 담임하는 목사님이 청안교회 역사를 중심으로 박사 논문을 쓰기 위해 자료를 수집하고 계셨다. 혹시 보탬이 될까 하여 아버님의 추모집인 「주의 종이 되어 행복하게 살았네」를 드렸다. 이 책에는 지난날 청안교회의 건물 사진이 있고, 또 자녀가 많아 '6등 목사'라는 이름을 가졌다는 유영돌 목사님의 글이 실려 있다. 아마도 논문을 준비하는 이 목사님에게는 사막의 오아시스 같은 책이 되지 않을까 한다.

하나님의 은혜로 장수의 삶을 사시는 분들이 과거의 아버님을 회상하며 나를 찾아오셨다. 특히 삼교교회 장로님들이 매우 반가워하셨고, 시흥 포리에서 함께 하셨다던 이효재 목사님(여흥교회)과 이철우 목사님(여주동부)도 아버지를 기억하시며 반가워들 하셨다. 예수님께서는 가시는 곳마다 "이 여자가 행한 일을 말하여 저를 기념하리라"라고 하셨는데, 부족한 글이나마 영원한 추억 속에 남겨 두고자 몇 자 적어 보았다. 하나님께서 여주지방을 축복해 주시고, 더욱 화목하고 발전하는 지방이 되기를 기대하며 기도드린다.

국민의 목사

얼마 전 나와 같은 시기에 감리사를 지냈던 문 목사님의 딸이 결혼을 하여 처음으로 영락교회에 가게 되었다. 본당 옆 건물에 '한경직 목사 기념관'이라는 간판이 있었는데, 인자한 표정의 목사님 사진도 함께 볼 수 있었다.

그것을 보는 순간, 후배 목사인 나는 많은 생각을 하게 되었다. 한 목사님이 떠나신 후 영락교회는 내로라하는 목사들이 목회를 하였지만 늘 시끄러웠고 목회자의 목회 수명도 짧았다. 어찌 보면 명예로나 한 번 들어갈까, 그 곳에서의 목회는 사형 선고와 같다는 말도 누누이 들어오던 차였다.

그런데 한 목사님에 대해서만큼은 단 한 번도 안 좋은 이야기를 들은 적이 없다. 아마도 교회는 교파도 많은 데다 각자의 신앙과 사상이 다르다 보니 천주교같이 교회를 대표할 만한 지도자가 귀하다. '우리는 이런 훌륭한 목사님을 높이 받들고 본받아야 하지 않겠나!' 하는 생각을 하게 되었다.

이런 일이 있은 며칠 후 KBS 방송에서 광복 60주년 행사로 국민가수 10명을 선정하여 특집 10부작 방송을 하였다. 첫 번째는 현인 선생을 기념하는 방송이었는데 그의 노래 가운데 히트곡인 '신라의 달밤'(1947)과 '럭키 서울'(1948)이 나왔다. 내가 태어나기 훨씬 전부터 불렸던 이 노래들은 그 당시 국민의 사랑을 참으로 많이 받았다. 그러다 보니 대중가요임에도 지금까지 내 머릿속에 남아 있다.

이렇게 국민가수가 있다면, 스포츠맨 중에는 박지성이나 박주영 같은 월드스타가 있다. 이런 생각을 하다 보니, 자연스럽게 '국민의 목사로 불리기에 적합한 사람은 누굴까?' 하는 궁금증이 들었다. 정필도 목사님은 '목회자에 대한 고언'에서 "한국 교회에 크리스천뿐 아니라 비신자들에게도 존경받을 수 있는 목회자들이 나오기를 바란다."고 하였는데, 매우 동감하게 되는 말이다. 나를 비롯하여 모든 목사들은 교인들에게 존경을 받게끔 살아야 하는 것은 물론이고, 더 나아가 교회를 핍박하는 사람들에게까지도 감동을 주는 좋은 목사들이 되어야 한다.

"주여! 부족한 종에게도 은혜를 베푸사 국민의 목사로 성장하게 하옵소서. 이것이 내 평생의 소원입니다."

그리스도의 훌륭한 일꾼이 되려면

우리를 그리스도의 일꾼으로 부르신 주님의 목적은 무엇일까? 주님은 우리에게 "그리스도의 일꾼이냐? 사람의 일꾼이냐?"고 물으신다. 바울은 "이제 내가 사람들에게 좋게 하랴, 하나님께 좋게 하랴. 내가 지금까지 사람의 기쁨을 구하는 것이었다면 그리스도의 종이 아니니라."라고 하였다.

선한 일꾼은 믿음의 말씀과 성경의 교훈으로 다른 사람들을 깨우쳐야 하는데, 그렇게 하다 보면 자신 또한 성장하게 된다. 그 성장은 오직 신앙 훈련으로만 가능하다. 우리 모두 훌륭한 일꾼이 되기를 소망할 텐데, 이 시간을 통하여 한번 자신을 점검해 보자.

1. 예수를 닮아가기를 힘쓰고 있는가? 오직 경건에 이르기를 연습하라 하였다.

2. 소망을 어디에 두고 있는가? 다윗이 가장 두려워했던 것은 성신을 떠나는 것이었다. 경건을 연습하는 것은, 우리의 소망을 썩을 면류관에 두지 아니하고 살아 계신 하나님께 두는 까닭이다.

3. 본이 되고 있는가? 성도는 목사를 닮아 간다. 연소함을 업신여

기지 못하게 하고 오직 말과 행실, 사랑, 믿음, 그리고 정절에 대하여 본이 되어야 할 것이다.

4. 전문가가 되어라. 오늘날의 세상을 전문화된 사회라고 하는데, 그러기 위해서는 읽는 것과 권하는 것, 가르치는 것에 힘써야 할 것이다.

5. 가볍게 움직이지 말라. 에서는 순간의 배고픔을 이기지 못하여 떡과 팥죽 한 그릇에 그 좋은 장자의 명분을 야곱에게 빼앗겼다.

6. 보다 발전된 모습을 보여라. 최선을 다한다면 누구든지 자신의 진보를 느끼게 될 것이다. 참된 목자는 끝없이 진보를 위해 노력할 것이고, 그 진보는 모든 사람들이 느낄 수 있어야 한다. 늦어지면 이 진보는 성숙의 미로 나타날 것이다.

7. '이 정도면 됐지.' 하는 마음을 버리라. 가르치는 데만 관심을 두다 보면, 정작 자신은 돌아보지 않는 과오를 저지르기 쉽다. 아무리 가르침이 훌륭하다 해도 결국 자신의 허위는 드러나기 마련이다.

마태복음 23장 13절에 "너희는 천국 문을 사람들 앞에서 닫고 너희도 들어가지 않고 들어가려 하는 자도 들어가지 못하게 하는도다."라는 말씀이 있다. 우리로 하여금 깊이 새겨보게 하는 말씀이다.

계속 실천하고 삼가 노력함으로, 자신을 비롯하여 모두가 구원받는 축복이 있기를 바란다.

기도의 맛

사람에게 의식주는 필수다. 하나님께서는 육을 가진 인간에게 하루 세 끼의 육의 양식을 먹게 하셨다. 예수님께서는 염려하여 이르기를 "무엇을 먹을까 무엇을 마실까 무엇을 입을까 하지 말라. 이는 다 이방인들이 구하는 것이라. 너희 천부께서는 이 모든 것이 너희에게 있어야 할 줄을 아시느니라."라고 하셨다.

영의 양식을 공급하는 목회자들은 늘 영적 말씀을 전하기 위해 애를 쓴다. 성군 다윗은 "내 입에 주의 말씀의 맛이 내게 어찌 그리 단지요. 꿀보다 더하니이다."라고 했고, "너희는 여호와의 선하심을 맛보아 알지어다."라고 하였다. 그리고 예수님은 "너희는 세상의 소금이니 소금이 만일 그 맛을 잃으면 무엇으로 짜게 하리요. 후에는 아무 쓸데 없어 다만 밖에 버리워 사람에게 밟힐 뿐이니라."라고 하셨는데, 위 말씀들에는 '맛'이라는 공통점이 있다.

요즘 사람들은 아무리 멀어도 맛이 좋기로 소문난 음식점들을 찾아다닌다. 음식점에 대해서 잘 모르면 손님이 많이 있는 식당이나 또는 주차장에 차가 많은 곳에 들어가면 틀림없다고들 한다.

내 어머님은 "하나님이 살아 계셔서 도우시는 것이 확실히 믿어진다.”고 하시면서 이 사실에 미치고 반할 정도라고 하신다. 그러면서 일생동안 하나님이 도우셨던 일들을 노트에 적어 놓고 계시는데, 가끔씩 그것을 읽어 보며 감탄을 하신다.

매일 먹는 음식 맛에 대해서는 민감하면서 내 영을 살찌우는 기도에 대해서는 민감하지 못했음을 고백하며 나 자신부터 깊이 반성한다.

신앙생활 하는 사람에게 있어 기도는 호흡이다. 호흡이 멈추면 죽은 것과 마찬가지로 신앙생활에서 기도가 멈추면 영적으로는 죽은 것이나 다름없다. 혹자는 기독교를 가리켜 ‘기도교’라고 말하기도 한다. 그처럼 기도가 중요하다는 것을 모두 잘 알면서도 기도 생활을 게으르게 할 때가 많으니, 다시 한 번 우리 자신의 믿음을 점검해 봐야겠다.

“주여! 나의 목회 생활에서 진심으로 기도할 수 있는 믿음 주시고, 날마다 기도의 맛을 느끼며 신앙생활 하게 하옵소서.”

깔끔한 사회자

나는 모든 면에서 깔끔한 것을 좋아한다. 그렇지만 정작 내 자신은 그렇지 못하다 보니 깔끔한 면을 많이 갖춘 사람일수록 내 부러움의 대상이 된다. 그래서 가끔 세미나에 초청 받으면 교회 일꾼은 깔끔해야 한다고 외친다.

얼마 전 교회의 기획위원들과 이야기를 하게 되었는데, 찬양 인도자에 대하여 이런저런 불만을 토로하며 그 점을 고치지 않으면 찬양 단원들이 교회를 안 나오려 한다고 했다. 늘 겪는 일이지만 이런 문제가 터질 때면 목회자의 고민은 이만저만이 아니다. 핵심은 찬양 인도자가 찬양만 잘 인도하면 되는데 말이 많다는 게 문제였다.

며칠을 미루다가 그 인도자에게 기획위원회에서 나온 말이라는 건 하지 않고, 어려운 말을 조심스레 건넸다. 찬양 전문 지도자가 있으니 그 사람에게 맡기는 게 좋겠다고 말하였고 다행히 오해 없이 잘 넘어갔다. 그제야 난 안도의 한숨을 쉴 수 있었다.

그러나 얼마간 잠잠하더니만 여기저기서 또 투정의 말이 나오기 시작했다. 새로 맡은 사람 또한 말이 많다는 것이었다. 그런데 재밌는 건 이런 불만을 토로했던 그 사람이 어느 날 사회를 보았는데 그 사람 역시 말이 많더라는 것이다. 강대상에만 서면 성령이 역사를 하는 모양이다.

소크라테스의 '너 자신을 알라'라는 말이 떠올랐다. 그리고 "남의 눈에 있는 티는 보면서 네 눈에 들어있는 들보는 왜 보지 못하느냐."고 책망하신 주님 말씀이 떠올랐다.

어느 날 후배가 전화를 하였다. 강화 갈멜산 금식기도원 개원 예배를 드리는데 깔끔하게 사회 볼 목사님을 찾던 중 내가 떠올랐다는 것이었다. 이 말을 듣는 순간 기쁘긴 했으나 한편으론 솔직히 좀 미안했다. 나 역시 부흥집회를 인도한 뒤나 또는 내가 섬기는 교회에서 예배를 드리고 나서 '좀 더 깔끔하게 할 걸' 하면서 후회할 때가 종종 있었기 때문이다. 나 자신의 부족을 알기에 항상 노력은 하고 있다.

오늘날 모든 사람들은 지혜 있고 깔끔한 사람을 찾고 있다. "주여! 후배로부터 들은 소리를 평생 들을 수 있게 하옵소서. 언제 어디서고 깔끔한 사람으로 부끄럼 없이 살아가게 하옵소서. 이것이 내 평생의 소원입니다."

로마에 가면 로마법을!

얼마 전 '한양대학교 목회자협의회' 가 창립되었다. 425명의 동문 목회자들이 모였는데, 모교의 복음화와 동문 목회자 사이의 친선을 도모하자는 게 목적이다. 출범에 앞서 준비위원회는 우선적으로 회칙을 만들어 통과시키는 일을 하였다.

하나님의 창조 섭리는 피조물의 세계에 질서를 부여하셨다. 우주의 질서, 인간과 인간의 질서, 인간과 자연의 질서를 주시고 그 안에서 번성하고 행복을 누리며 살게 하셨다. 지금 우리 사회가 어지럽고 혼란한 것은, 하나님이 정해 주신 질서를 인간이 파괴한 데서 비롯된 것이다. 하나님의 창조 질서를 훼손하는 일은 인간을 불행하게 만든다. 기독교 교육학자 란돌프 밀러(R. Miller)는 "모든 관계에서 파괴는 곧 죄악이다. 그리고 깨어졌던 관계의 회복이 구원이다."라고 말하면서 관계 회복의 교육에 초점을 두는 말을 하였다.

영국 처칠 수상의 일화를 소개하고자 한다. 그는 어느 날 운전기사에게 차를 급히 몰도록 했는데, 경찰이 과속하던 그 차를 발견하고는 길가 한편에 세우도록 했다. 그러자 운전기사는 경찰관에게 "처칠 수상께서 타셨소."라고 말했다. 그러나 경찰은 "과속은 과속이오. 딱지를 떼겠으니 벌금을 물도록 하시오."라고 하였다. 이에 처칠은 "내가 누구인지 알아?" 하고 짜증 섞인 어투로 말하였다. 이 말에 아랑곳하지 않은 경찰은 "예, 얼굴은 우리 수상 각하와 비슷합니다. 그런데 법을 지키는 것은 비슷하지 않습니다." 하고 대꾸하였다. 이렇게 하여 결국 처칠은 딱지를 떼이게 되었다.

기분이 나빠야 함에도 이상하게 처칠은 교통경찰의 철저한 근무 자세에 깊은 감명을 받았다. 사무실로 돌아온 처칠은 경시총감을 불러 자초지종을 이야기한 후 그 경찰관을 특진시킬 것을 명하였다. 그러자 경시총감은 "과속 차량을 적발했다고 특진시키라는 규정은 어디에도 없습니다." 하며 한 마디로 거절했다고 한다. 이런 일이 우리나라에서 벌어졌다면 어떻게 되었을까? 경찰청장은 대통령 앞에서 크게 사과하고 경찰관은 즉시 파면을 당했을지 모른다.

미국의 28대 대통령 윌슨은 '자국의 운명은 하나님의 법인 성경 말씀을 얼마나 철저히 지키느냐에 달려 있다'고 생각한 나머지, 국민에게 성경을 열심히 읽고 그 말씀대로 살 것을 당부했다.

그리스도인은 첫째 하나님의 법을 잘 지켜야 한다. 성경은 하나님의 법이 무엇인지를 잘 가르쳐 주고 있다. 둘째, 한 나라의 국민으로서 나라의 법을 잘 지켜야 한다. 바울은 국가 권력에 순종하는 것도 하나님의 뜻이라고 말했다. 셋째, 가정에 보이지 않게 존재하는 법을 잘 지키는 것도 그리스도인의 의무다.

하나님의 법과 나라의 법, 그리고 가정의 법을 잘 지키는 사람은 인생의 참 기쁨과 즐거움을 얻게 될 것이다.

목사님! 기분 푸세요

솔로몬의 "너는 내일 일을 자랑하지 말라. 하루 동안에 무슨 일이 일어날는지 네가 알 수 없음이니라."라는 지혜의 말씀이 생각난다.

얼마 전, 우리 교회 청년이 가족과 함께 해외 나들이를 다녀왔다. 피곤해서인지 예배 출석률이 전만 못한 거 같아서 "○○ 청년! 해외 다녀와서 피곤한가 보군요. 늘 건강하고 믿음으로 승리하길 기도합니다."라는 내용으로 문자를 보냈다. 30분 정도 지났을까, 밤 10시가 넘은 시간인데 휴대폰 벨이 울렸다. 다짜고짜로 고함을 치며 기도가 어떻고 하며 자꾸 문자를 보낸다고 화를 내고 있었다. 순간 너무 당황이 되어 "죄송합니다. 잘못 보냈나 봅니다." 하고 전화를 끊긴 했는데 한동안 기분이 좋지 않았다. 이 청년은 할아버지랑 함께 사는데 할아버지가 문자를 보시고 화를 내시는 줄 알았다. 내 나름대로는 청년들에게 관심을 기울인다고 한 일이었는데 뜻밖에 혼쭐이 나고 보니 사람인지라 가슴이 계속 두근거렸다. '다시는 문자를 보내지 말아야지!' 하고 굳게 다짐했다.

집에 들어갈 무렵 아무래도 이상하다는 생각이 들어 휴대폰에 찍힌 번호를 확인해 보니, 숫자 하나를 틀리게 눌렀다는 사실을 알 수

포도원의 품군으로

있었다. 그 사실을 알고 나서는 마음이 많이 평안해졌지만, 그래도 아까의 기분은 쉽게 가라앉지를 않았다.

그로부터 며칠이 지난 뒤 다른 일로 이 청년에게 문자를 보내면서 이런 일이 있었다는 것을 알렸더니 "아이쿠, 진짜 놀라셨겠어요. 그 사람을 위해서 기도를 꼭 해야겠어요. 목사님, 기분 푸세요."라는 내용으로 답이 왔다. 평범한 말 같지만 순간 큰 위로가 되었고 참을 수 없는 웃음이 나왔다. '정말 말 한 마디에 천 냥 빚을 갚는다는 속담이 딱 맞구나!' 하는 생각이 들었다. 너무도 이 청년이 순박하고 착하게 느껴져 "○○ 청년! 마음이 참 착해 보이네요." 하고 문자를 보냈더니, "목사님! 제가 이렇게 하는 것은 안 믿는 사람들에게 전도하려고 하는 거예요." 하는 내용의 답이 왔다. 이 청년 덕분에 그날 하루가 즐거웠다.

예수님께서 말씀하신 씨 뿌리는 비유에 보면, 사람의 마음밭에는 길가, 돌밭, 가시떨기, 옥토와 같은 여러 종류의 밭이 있다고 하였다. 우리가 복음을 전하는 세상 사람들의 마음밭이 옥토면 얼마나 좋을까마는 길가나 돌밭, 가시떨기 같은 밭이 많이 있음을 알고 전해야 하겠다. 난 이번 일을 통하여 앞으로는 정신을 바짝 차려서 전화도 해야겠지만, 복음 전하다가 실망하거나 낙심하지 말아야겠다는 다짐도 하게 되었다.

"주님! 선을 행하다 낙심하지 말지니 때가 되면 거두리라는 말씀을 의지하며 살게 하옵소서. 살아 있기에 고통당하는 것임을 감사히 여기면서 날마다 용기를 가지고 살아가게 하옵소서."

목사님! 술이나 사 잡수세요

나는 TV 프로그램 중에 '이것이 인생이다' 라는 프로를 즐겨 본다. 이 프로그램에 소개된 내용치고 힘들게 살지 않는 사람을 못 보았다. 고생스럽고 힘은 들어도 열심히 사는 사람들이 그 좋은 프로그램의 주인공이 된다는 사실을 알 수 있었다.

얼마 전 가수 현미 씨가 말하기를, "노모가 치매에 걸려 얼마나 스트레스를 주는지 죽으려고 했다."고 하면서 치매 걸린 부모에게는 다른 게 효도가 아니고 원하시는 대로 따라주는 것이 곧 효도라고 하였다.

우리 교회에 원로 집사님 한 분이 계시는데 자녀 중 한 명은 경찰서장을 하다가 세상을 떠났고, 외손녀 중 하나는 이름만 대면 다 알만

한 꽤 유명한 탤런트다. 옛날에는 남부럽지 않게 잘 살았다고 하는데 지금 살아가는 모습은 너무도 안쓰럽기만 하다. 예배 시간을 몰라서 아무 때나 교회에 나오시고, 하루 세 번씩 교회에 들러 기도하시는데 문을 다 열어 놓고 눈을 뜬 상태에서 손을 모으고 기도하시는 모습을 보면 전에 절에 다니실 때 몸에 밴 습관이 그대로 남아 있는 거 같다. 가끔씩 식사를 사 주시곤 하는데 과연 대접을 받아야 하는지 때로는 나 자신도 판단이 안 설 때가 있다.

지난 명절에는 조용히 교회에 나와 주님께 점수 좀 따려고 이 일 저 일을 하고 있는데, 계단에서 발자국 소리가 났다. 누가 올라오나 하고 봤더니 집사님이셨다. 자녀가 일본에서 사 온 찹쌀떡 몇 개를 주시더니 주머니에서 천 원짜리 넉 장을 꺼내 주시면서 "목사님, 설에 술이나 사 잡수세요!"라고 하시는 것이었다. 어찌나 당황이 되던지……. 하지만 얼마나 웃음이 나왔는지 모른다.

'좋은 목회자가 되려면 이런 성도에게는 어떻게 해야 옳을까?' 하고 자문해 보았다. 아마도 하나님은 우리 집사님의 마음을 받으셨으리라 본다. 집사님은 그날 저녁 아들 집에 갔다 온다고 하시면서 축원하고 오겠다고 하셨다.

탤런트 신신애 씨가 '세상은 요지경'이라는 노래를 불렀는데, '목회가 요지경이구나!' 하는 생각이 들었다. 어쨌든 나는 행복하다. 나를 사랑해 주는 성도가 있으니 말이다.

오늘도 난 기도한다. "주여! 대접받는 목사가 아니라 양들을 위해 목숨을 바치는 목사가 되게 하옵소서. 이것이 내 평생의 소원입니다."

그리스도의 훌륭한 일꾼이 되려면

목사님이 장애인 이사장이신가 봐요?

얼마 전 아버님 추도일이라 가족들이 모였다. 동생이 하는 말이 기독교인들은 감투를 무척 좋아하는 거 같다고 하였다. 그것은 마치 나를 두고 하는 이야기 같았다. 좋든 싫든 여기저기 연합 사업에 속해 활동하다 보니 소속된 단체만도 18군데였고 직책도 많이 맡게 되었다. 그러다 보니 주머니에 돈이 남아 있는 날이 별로 없었다.

어느 날 기독교타임즈에 글을 기고했는데, 이 일로 말미암아 고3 때 같은 하숙집에서 생활했던 김성자 전도사를 만나게 되었다. 그는 불행하게도 교통사고를 당하여 장애인이 되어 있었다. 예수를 몰랐던 그분이 예수 믿고 신학대학까지 나와 전도사가 되어 있다는 소식은 무척 반갑고 놀라운 일이었다. 하나님의 뜻하신 바가 무엇일까를 생각하다가, 우리 교회에서 첫 번째로 간증집회를 갖게 되었다. 매우 은혜로운 시간이었다.

이것이 인연이 되어 그 후 여러 교회에 소개하다 보니 매주 전국을 누비며 간증집회를 하게 되었다. 전도사 사역만 하다가 갑자기 여기저기 간증집회를 다니게 되더니 급기야는 '새롭게 하소서'에서 출연 교섭이 왔다고 했다.

이렇게 활동하다 보니 그가 속한 밀알선교단의 장애인들이 "전태규 목사님은 장애인 이사장이신가 봐요?"라는 말까지 했다고 한다. 보통 이사장 정도면 그 단체에 경제적으로도 많은 지원을 하고 또한 거기에 따르는 권한도 주어지지만, 나는 돈도 지원한 바 없고 권한 또한 없다.

우리 주님이 하신 말씀이 생각난다. "은도 내 것이요, 금도 내 것이니라." 뭐 하나 가진 것은 없지만, 주의 이름으로 장애인 이사장 소리까지 들으니 황송할 뿐이다. 더군다나 나는 장애인에 대해 별 관심이 없었다. 그런데 오늘날 이런 직함을 듣고 보니 '다른 사람을 먼저 생각하고 사회봉사 하는 일에 앞장서야겠구나!' 하는 생각이 든다.

"주여! 이사장 소리에 부끄럽지 않도록 많은 일을 하게 하옵소서."

목회는 5분 대기조

　군대를 다녀온 사람에게 '5분 대기조'라는 말은 익숙한 말이다. 전쟁에 대비하여 실제 상황을 재현하는 훈련으로, 5분 안에 싸울 준비를 모두 완료해야 한다는 말이다.

　목회생활 중 어려운 부분을 말하라면, 새벽 기도회와 야간 심방이라고 말할 수 있다. 경험해 본 사람만이 이 어려움을 알 것이다. 나는 아버님을 닮아서인지 야행성 습관을 갖고 있다. 초저녁에는 잠이 안 와 밤이 깊어서야 잠자리에 들다 보니 자연히 새벽에 일어나기가 힘에 겹다. 부전자전이라고, 오죽하면 내 아들 남욱이도 새벽 기도가 힘들어서 부목을 하고 싶다고 말할 정도다.

목회 초년 시절에는 어머님이 새벽마다 전화로 세 번씩 벨을 울려 주셨는데 지금은 라디오와 휴대폰, 그리고 인형 모양을 한 시계가 동시에 합창하며 날 깨운다. 휴대폰에서는 닭이 울어 대고, 시계에서는 "깨워서 미안해요, 깨워서 미안해요."를 외치는 통에 안 일어날 수가 없다.

어느 날은 벨소리를 듣고서 잠깐만 누워 있자 했는데, 그만 다시 잠이 들고 말았다. 눈을 떴을 때는 예배 시작 5분 전이었다. 옷도 입어야 하고 차로 교회까지 가려면 2~3분은 걸리니 큰일이었다. 황급히 준비하고 차 타고 가면서 생각한 것이 '목회는 5분 대기조와도 같구나!' 하는 것이었다. 찬송가 364장 '내 주를 가까이 하게 함은 십자가 짐 같은 고생이나 내 일생 소원은 늘 찬송하면서 주께 더 나가기 원합니다'와 '새벽을 깨우리로다, 새벽에 도와 주리로다' 이 두 말씀을 붙잡고 새벽 기도회를 인도하고 왔다.

"나의 달려갈 길과 주 예수께 받은 사명, 곧 하나님의 은혜의 복음을 증언하는 일을 마치려 함에는 나의 생명조차 조금도 귀한 것으로 여기지 아니하노라."(행 20:24)

"주님! 오늘도 종을 쳐서 주님께 복종하게 하시고, 늘 준비된 정결한 처녀로 주님을 맞이하게 하옵소서. 이것이 내 평생의 소원입니다."

바로 '지금'이
성경 전래지 성역화에 관심 가질 때

내가 요즘 어디를 가든 힘주어 전하는 말씀의 주제는 "지금 하나님이 주시는 은혜를 받자."(고후6:1~2)다. 왜냐하면 어제는 지나갔고 내일은 보장이 없는 인생들이기에, 지금 은혜를 받고 지금 구원을 받아야 하기 때문이다. 기회는 늘 있는 것이 아니기 때문이다.

예수님이 삭개오에게 하신 말씀을 나는 소중히 간직한다. "오늘 구원이 이 집에 이르렀으니 이 사람도 아브라함의 자손임이로다. 인자가 온 것은 잃어버린 자를 찾아 구원하려 함이니라."(눅 19:9~10) 주님이 인정하시면 된다. 그러므로 다른 사람의 말은 그리 중요하지 않다.

지금 세계는 더 이상 가늠하기 어려운 지경에 이르렀다. "우는 자와 함께 울고 웃는 자와 함께 웃으라."는 주님의 말씀에 비춰볼 때, 그동안 세계를 벗 삼아 우리에게 도움을 준 나라에게 사랑의 손길을 뻗어야 하는 것은 틀림없는 사실이다. 자기 친족을 돌보지 않으면 불신자보다도 더 악한 자라는 말씀을 우리는 기억해야 할 것이다.

역사학자들에 의해 한국 최초의 성경 전래지가 서천군의 마량진임이 밝혀졌다. 그 후 서천군에서는 2천만 원을 들여 '성경전래지 기념비'를 세우고, 8천 평 대지 위에 기념관을 건립하기 하기 위한 용역 작업을 하였다. 그리고 이 용역 작업이 끝남에 따라 서천군과 충청남도 문화관광부는 건축 예산액 190억 원을 지원하기로 약속했다. 먼저 대지 구입비 40억 원은 기독교계가 담당하기로 합의했다. 서천군 산하 170여 교회는 연합하여 추진위원회를 조직, 솔선수범하는 모범을 보이고 있으며 전국 교회에 동참을 호소하고 있는 실정이다. 이는 후손들에게 기독교 120년의 역사를 자랑할 만한 증거들이 부족한 이때에 우리에게 주신 더없는 축복의 기회라 생각한다.

"밤에 환상이 바울에게 보이니 마게도냐 사람 하나가 서서 그에게 청하여 이르되 마게도냐로 건너와서 우리를 도우라 하거늘 바울이 이 환상을 보았을 때 우리가 곧 마게도냐로 떠나기를 힘쓰니 이는 하나님이 저 사람들에게 복음을 전하라고 우리를 부르신 줄로 인정함이러라."(행 16:9~10) 이 말씀이 기독교회와 성도들의 마음에 살아나, 움직이는 역사가 있기를 기대한다.

웨슬리는 "하나님의 사람이 장사될지라도 하나님은 그 일을 계속하신다."고 하였다. 이 말씀은 우리가 이 일을 안 하면 하나님은 다른 사람을 통하여 이 일을 계속 진행시키신다는 뜻이다. 그때의 우리 모습을 생각하면 부끄럽다.

나는 인생을 살아갈 때 최선은 다하되 그 후는 하나님께 맡기는 편이다. 후회도 하지 않는다. 더 이상의 방법이 없기 때문이다. 그저 하나님의 섭리로 받아들일 뿐이다.

끝으로 웨슬리의 경제관을 소개한다. '열심히 벌어라. 열심히 저

축하라. 열심히 하나님 나라를 위하여 써라.'

다윗과 같은 신앙 있는 용사가 나타나길 기도할 뿐이다. 기드온의 300명 용사같이 100만 원 헌금할 3천 명만 허락하신다면 이 일은 성공할 것으로 확신한다. 오늘도 모든 것을 하실 수 있는 하나님께 나의 정성을 다 바쳐 기도드린다.

'부활'은 신앙인의 전공 필수

'부활의 성령이여, 새롭게 하소서!' 라는 표어 아래 모처럼 한국기독교교회협의회와 한국기독교총연합회가 공동으로 부활절 연합예배를 드린다는 소식을 들으니 마냥 기쁘기만 하다. 부활절이 되면 항상 생각나는 일이 있다.

10여 년 전, 여의도 광장에서 열린 부활절 새벽 연합예배에 참석한 적이 있다. 예배 끝나고 돌아오는데 그 많은 무리 속에서 한 스님이 눈에 띄었다. 입장 바꿔 나라면 초파일 행사에 참석 안 할 텐데 이 부활절 예배에 스님이 참석했다는 것이 너무 신기하여 말을 건넸다. "스님! 이 새벽에 웬일입니까?" 그랬더니 그 스님은 "나도 기독교의 부활은 믿습니다."라고 대답하는 것이었다. 그날 이후로 나는 부활의 소중함을 더욱 깨닫게 되었고 생각을 많이 하게 되었다.

하나님이 부활절을 주심은 부활 신앙을 갖게 하기 위함이라고 생각한다. "나는 부활이요 생명이니 나를 믿는 자는 죽어도 살겠고 무릇 살아서 나를 믿는 자는 영원히 죽지 아니하리니 이것을 네가 믿느냐?"라고 물었을 때 "주여 그러하외다. 주는 그리스도시요, 세상에 오시는 하나님의 아들이신 줄 내가 믿나이다."라고 거짓 없이 신앙 고백을 할 수 있어야 할 것이다.

주님은 부활 신앙도 확인하셨지만 양을 맡기시기 전에도 "요한의 아들 시몬아, 네가 이 사람들보다 나를 더 사랑하느냐?"라고 거듭거듭 물으시고 확인하신 후에 맡기셨음을 알 수 있다.

우리는 은 30에 예수를 판 가룟 유다나 "내가 그 손의 못 자국을 보며 내 손을 그 옆구리에 넣어 보지 않고는 믿지 아니하겠노라." 했던 도마를 비웃기 전에 나 자신에게 과연 부활 신앙을 믿고 있는지 물어봐야 할 것이다.

믿음의 조상 아브라함은 부활의 신앙이 있었기에 독자 이삭까지 주님께 드려 하나님께 인정받고 믿음의 조상이 되는 큰 복을 받을 수 있었다. 사랑의 원자탄 손양원 목사님 또한 부활 신앙이 있었기에 "우리 아들 미국 유학 보내려고 했는데 미국보다 더 좋은 천국 유학 갔으니 내 마음 안심이 되어 감사합니다."라고 하며 성숙한 신앙인의 참 모습을 보여 주었다. 사도 바울도 "내가 바라는 것이 이 세상뿐이라면 나는 이 세상 가운데서 가장 불쌍한 사람이라."라고 고백했음을 볼 때 그에게 부활 신앙이 확실하게 자리 잡고 있었음을 느낄 수 있다. 그러기에 그는 "살아도 주를 위하여 살고 죽어도 주를 위하여 죽나니 그러므로 사나 죽으나 우리는 주의 것"이라고 고백하였다.

부활 신앙을 체험하기 위해서는 반드시 죽음을 통과해야 한다. 선조들의 고백을 들으면 "내가 그리스도와 함께 십자가에 못 박혔나니 이제는 내가 산 것이 아니요 내 안에 그리스도가 사신 것이라." 또한 "그리스도 예수의 사람들은 육체와 함께 그 정과 욕심을 십자가에 못 박았느니라."라고 하였다.

우리 교회 김종엽 권사님은 연세가 71세 되신 분이다. 이 권사님은 태연하게 "평생을 살면서 하나님의 은혜로 몸 아파 입원한 적이 한 번도 없는데, 언제든 하나님이 오라시면 가야지요."라고 말씀하신다. 죽음이 전혀 두렵지 않다고 하신다.

금년에도 하나님이 허락하신 사순절 고난주간을 맞아 새봄에 각 교회마다 부활 신앙으로 기도 운동이 일어나서 승리의 삶을 살아가게 되길 기도한다.

"사모님! 그거 아세요?"

　　우리 교회 집사님 딸인 민영이가 대림초등학교에 입학하게 되어 감사하다는 내용을 봉투에 적어 감사 헌금을 하였다. 집은 상도동인데 교회 근처의 대방동에 있는 대림초등학교에 입학했다고 하니 궁금한 생각이 들었다.

　　낮 예배 후 아내가 민영이에게 "대림초등학교에 입학했니?" 하고 묻자 "사모님! 제가 왜 대림초등학교에 입학한 줄 아세요?" 하고 되물으면서 "전도하려고요."라고 하더라는 것이다. 집이랑 가까운 학교에 다니면 새로 사귄 친구들이 교회가 멀다는 이유로 안 오려고 하기 때문이라 하였다.

　　그러잖아도 민영이는 유치원 다닐 때 친구를 전도했었는데 그 친구가 한 번 나오고는 너무 멀다고 안 나오자 그때부터 그 친구와 말도 안 하고 삐친 중이라는 이야기를 들은 적이 있다. 참으로 기특하고 고마워 매우 귀하다고 여기던 중이었는데, 이번에 이런 이야기를 다시 들으니 목회에 힘이 난다. 비록 어리지만 사도 바울과 같이 삶의 목적을 분명히 갖고 살아가니, 하나님이 기뻐하시고 반드시 복을 주실 것이라 믿는다. 그 믿음이 어디에서 생겨났을까? 아마도 부모로부터 물려받은 거 같다.

바울은 디모데에게 "내가 밤낮 간구하는 가운데 쉬지 않고 너를 생각하여 청결한 양심으로 조상 적부터 섬겨 오는 하나님께 감사하고 네 눈물을 생각하여 너 보기를 원함은 내 기쁨이 가득하게 하려 함이니 이는 네 속에 거짓이 없는 믿음이 있음을 생각함이라. 이 믿음은 먼저 네 외조모 로이스와 네 어머니 유니게 속에 있더니 네 속에도 있는 줄을 확신하노라."(딤후 1:3~5)라고 하며 감사와 격려를 하였는데, '어린 민영이가 교사를 하고 있는 어머니 이종화 집사를 통해 이런 신앙을 갖게 되었구나!' 하는 생각이 들었다.

"사순절을 맞아 우리 자녀들에게 사순절은 이렇게 지키는 것이라고 지혜롭게 가르칠 수 있게 하시고, 부족한 종에게 은혜를 베푸사 많은 영향력을 끼칠 수 있게 하옵소서. 이것이 내 평생의 소원입니다."

살아볼수록 괜찮은 남자

　얼마 전 민족복음화운동본부 총재이신 신현균 목사 성역 50주년
을 맞이했을 때 신 목사님은 어느 기자와의 인터뷰에서 다시 태어나
도 부흥사가 되겠다고 하신 것을 보았는데, 많은 은혜를 받았다. 나
자신도 이런 마음을 간직하기 위해 목사로서의 긍지와 사명감을 잃지
않으려고 무척 노력하는 편이다.

　요즘 사모님들과 통화할 일이 생기면 "사모님, 참 복 많이 받으셨
습니다. 이렇게 훌륭한 목사님의 사모가 되셨으니 얼마나 행복하십니
까?" 하며 일부러 물어본다. 그러면 대부분 웃으면서 그렇다고 대답
한다.

　며칠 전 가깝게 지내는 후배 목사에게 전화를 했는데 마침 사모님
이 전화를 받았다. "사모님, 참 행복하시겠습니다. 저렇게 믿음 좋고
목회 잘 하는 목사님을 만나셨으니 얼마나 좋으십니까?" 하며 그냥
인사로 물었을 뿐인데, 사모님은 내 말이 떨어지자마자 "맞아요, 우리
목사님은 살아볼수록 괜찮은 남자에요!"라고 하는 것이었다. 난 이 말
에 당황도 했지만 웃음도 나왔다. 별 생각 없이 후배 목사 한 번 추켜
주려고 한 말이었는데 의외의 반응에 놀란 것은 오히려 나였다.

그 후 조용히 나를 돌아보는 시간을 가졌다. 역시 후배 목사는 목회에 성공했구나 하는 생각이 들었다. 대부분의 목회자들이 목회에만 신경 쓰다가 정작 안방 목회는 실패하는 경우가 많은데, 후배 목사의 경우는 두 가지가 다 조화를 이루었으니 말이다.

때마침 5월인지라 우리 교회의 연례행사인 '오시오, 가정 행복 세미나'를 개최하게 되어 어떤 분을 강사로 모실까 고심하고 있던 중이었다. 이왕이면 가정 목회까지 성공한 분을 모시자 하는 생각에 그 후배 목사를 강사로 초대하였다. 교인들에게는 "살아볼수록 괜찮은 남자를 강사로 모시게 됐다."며 목사님을 소개하기도 했다.

가정 심방을 가면 항상 느끼는 것이 있는데, 세 종류의 성도들이 있다는 것이다. 언제나 남편을 높이는 형, 언제나 남편을 깎아 내리는 형, 그리고 아무 말도 하지 않고 듣기만 하는 형이 있다. 나는 마지막에 해당되는 사람을 음흉형이라고 말한다. 어쨌든 우리 신앙인들은 긍정적인 말과 생각을 하면 좋겠다.

"'살아볼수록 괜찮은 남자'라는 칭찬은 얼마나 기분을 좋게 하는 말인가요! 주님, 저도 이런 사람이 되게 하옵소서."

새벽을 마다하지 않는 주의 자녀들

사람에게는 제각기 자기만의 습관이 있다. 예수님은 기도하는 습관이 있다고 하셨다. 존 테일러라는 사람이 쓴 글에 이런 내용이 있다. '교회에 늦게 오는 것은 믿음이 없는 증거요, 교회 뒷자리에 앉는 것은 은혜를 체험하지 못한 증거요, 예배 끝나자마자 집에 돌아가는 사람은 교회에 취미가 없는 사람이다.'

나는 늦게 자는 습관이 있다 보니 집에 늘 늦게 들어가는 편이다. 그러다 보면 늦은 시간에 교회에 기도하러 오는 교인들을 가끔 만나게 되는데, 대부분 "피곤하시지요?" 하며 서로 인사를 나눈다. 이 표현 속에는 서로에 대한 격려와 사랑이 듬뿍 담겨 있는데, 한편으론 오늘을 사는 현대인들이 그만큼 피곤에 많이 지쳐 있음을 의미하기도 한다.

이사야 선지자를 통하여 주의 백성들에게 주신 소망의 메시지가, 우리에게 힘을 북돋우어 준다. "너는 알지 못하였느냐 듣지 못하였느냐 영원하신 하나님 여호와, 땅 끝까지 창조하신 이는 피곤하지 않으시며 곤비하지 않으시며 명철이 한이 없으시며 피곤한 자에게는 능력을 주시며 무능한 자에게는 힘을 더하시나니 소년이라도 피곤하며 곤비하며 장정이라도 넘어지며 쓰러지되 오직 여호와를 앙망하는 자는 새 힘을 얻으리니 독수리가 날개치며 올라감 같을 것이요 달음박질하여도 곤비하지 아니하겠고 걸어가도 피곤하지 아니하리로다."(사 40:28~31)

가끔 새벽에 길에서 만나는 장로님 내외분이 계시다. 이분들은 영등포중앙교회에 다니시는데, 노년에 두 분이 손을 꼭 잡고 제법 먼 영등포까지 시내버스를 타고 새벽 기도회에 가신다. 가끔 눈비가 올라치면 장로님 혼자 걸어가시는 모습도 보이는데 한 치의 흔들림도 없어 보인다. '정말 대단하시다!' 하는 생각이 든다.

요즈음 한국 교회는 마이너스 성장이라는 말과 함께 교회 부흥을 새신자 전도가 아닌 기성 교인을 끌어오는 것으로 꾀한다고 한다. 또한 많은 성도들이 취향에 따라 교회를 쉽게 옮기다 보니, 과거의 순교적인 신앙은 거의 사라진 느낌이 든다. 흔들림 없는 주님의 일꾼을 많이 세우셔서, 한국 교회 성장에 든든한 밑거름이 마련되기를 기도한다.

새해에는
하나님의 사람으로 목회하자!

포도원의 품꾼으로

　어느 날 신학교 동기생인 전도사님과 오랜만에 통화를 하였는데, 주로 동기생들의 근황에 대한 이야기를 나누었다. 대부분 열심히 목회한다는 내용이었는데 그 중 안타까운 이야기가 하나 있었다. 하나님의 사람으로 목회를 해야 하는데 귀가 얇아 자꾸만 사람을 의지하다 보니 실패를 한다는 내용이었다. 분명 누구를 지칭한 이야기였지만, 나를 다시 한 번 점검하게 하는 말이기도 했다.

　하나님이 쓰시는 사람 중에는 세 종류의 사람이 있다고 육명길 목사님이 말씀하셨는데, 그 말씀이 목회하는 내게 마음에 남는 은혜가 되었다. 첫째는 크게 쓰이는 사람이요, 둘째는 귀하게 쓰이는 사람이요, 셋째는 오래 쓰이는 사람이라 하였다. 크게 쓰이면서도 귀하게 쓰이는 사람이 있는가 하면, 귀하게는 쓰이나 크게 쓰이지 못하는 사람이 있고, 또는 오래는 쓰이나 귀하고 크게 쓰이지 못하는 사람이 있다고 하셨다. 그러니 세월을 아껴야 한다며 애정 어린 충고를 하셨다.

　영국의 어느 박물관 정문 앞에는 새의 모양을 한 조각품이 있는데, 그 새의 이름은 '기회'라고 한다. 그 새 조각품은, 기회는 머리를 잡아야 안전하게 잡을 수 있는 것이지 만약 꽁지를 잡으면 미끄러워서 잡을 수 없음을 상징적으로 보여 주고 있다.

또 어떤 사람이 억울하게 한평생을 감옥에 수감되어 있다가 다 늙어 무죄 판결을 받았다고 한다. 국가에서 보상을 해 주겠다고 하자 그는 그 어떤 것도 다 싫으니 잃어버린 청춘을 되돌려 달라고 했다고 한다.

우리는 하나님의 부르심을 받은 종으로서 선한 삶을 살아가야 한다. 그렇게 하기 위해서는 '무릎 꿇는 삶'을 살아야 한다. "너희 믿음이 사람의 지혜에 있지 아니하고 다만 하나님의 능력에 있다."고 하였다.

하나님이 원하시는 자는 '신령한 자'로, 성령의 영역에 속한 사람이다. 제사장들이 신령한 자가 되어야 하는 이유는 식물을 드리는 자요, 백성의 어른이요, 거룩한 식물을 먹이는 자이기 때문이다. 성경에 가장 많이 나오는 단어 가운데 하나가 바로 '거룩 거룩 거룩'이다. 이는 하나님의 자녀 된 이들은 모두 성령의 충만함을 입어야 한다는 뜻일 것이다.

내가 처음 목회를 시작했을 때 한참 일하던 하나님의 종들이 요즘 하나 둘씩 현역에서 은퇴한다는 소식을 듣는다. 풋내기였던 내가 이 정도의 나이가 되고 보니 왠지 모르게 허전함이 느껴진다.

새해가 다가오고 있다. 새로운 삶을 살기 위해서는 먼저 자신이 새롭게 변해야 한다. 아무리 새해를 맞이한들 사람이 그대로이면 더 나은 삶을 기대할 수 없다.

"주님! 하나님이 우리에게 주신 이 새해를 진정 귀하게 맞이하게 하시고, 하나님의 사람답게 목회와 신앙생활을 함으로 하나님을 기쁘시게 하는 삶을 살게 하옵소서."

세계적으로 유명한 목사

어느 날 "전태규 목사님 댁이지요?" 하는 전화를 받았다. 아버님이 목회하시던 교회 출신인 권태우 전도사님의 전화였다. 어머님과 통화하고 싶은데 안 된다며 어머니의 안부부터 물으셨다. 그동안의 안부를 서로 묻던 중, 전도사님이 섬기는 대전관저중앙교회 부목사님에게 "세계적으로 유명한 전태규 목사님을 아느냐?"고 물었더니 안다고 하였다고 한다. '세계적인'이라는 말에 깜짝 놀랐는데, 그 소리가 나쁘게 들리지 않는 것을 보니 나도 오염이 많이 되었나 보다.

지난날 논산훈련소에서 함께 훈련받고 각각 자대에 배치 받았던 동기생들과 신학교 졸업 후 목회지를 찾아 지방별로 흩어져 떠났던 동기생들이 생각난다. 감리교회는 서리전도사로 목회 생활을 시작하는데, '서리'라고 하면 왠지 '서럽다'는 말이 생각난다. 그 당시 동기들에게 전화를 하면 "○○○ 감리사님!"이라고 장난을 쳤었다. 곧잘 받아넘기며 서로의 애환을 나누던 동기들이 이제는 거의 감리사를 마쳐가고 있으니 세월이 참으로 빠르다.

'어떤 사람이 진정 세계적으로 유명한 사람일까?'를 생각해 본다. "오직 성령이 너희에게 임하시면 너희가 권능을 받고 예루살렘과 온

유대와 사마리아와 땅 끝까지 이르러 내 증인이 되리라."고 하셨는데, 진정으로 세계적인 목사는 성령 받고 권능 받아 세상 땅 끝까지 가서 전도하는 사람이 아닐까 생각한다. 어쨌든 하나님의 은혜로 국내외 많은 곳에 가서 복음을 전한 것은 사실이나 내 자신을 돌아볼 때 그런 소리 듣기에는 턱없이 부족하다. "여호와는 나의 목자시니 내게 부족함이 없으리로다."라고 고백한 다윗의 신앙을 본받고 싶은 마음 간절하다.

"주님! 바울 사도는 '나의 간절한 기대와 소망을 따라 아무 일에든지 부끄러워하지 아니하고 지금도 전과 같이 온전히 담대하여 살든지 죽든지 내 몸에서 그리스도가 존귀하게 되게 하려 하나니 이는 내게 사는 것이 그리스도니 죽는 것도 유익함이라.'고 고백하였는데 이 고백이 나의 고백이 되게 하옵소서."

아직까지도 집이 없는 목사

대다수 목회자들이 다 그렇겠지만, 일편단심 목회만을 위하여 살다 보니 교회 건물은 하나 마련하였지만 사택은 아직 남의 집을 얻어 살고 있는 형편이다. 1979년 4월 28일 결혼하여 12번 이사를 했고 13번째 이사를 해야 할 상황이다. 예수님이 33세를 사시면서 "여우도 굴이 있고 나는 새도 깃들일 곳이 있지만, 인자는 머리 둘 곳이 없다."고 하신 말씀이 더더욱 위안으로 다가온다.

사람이 늘 만족하며 산다는 건 어려운 일이다. 교회와 가까운 곳에 사택이 있어야 하는 건 알지만, 이게 쉽지 않을 때가 많다. 안 그래도 교회와 좀 더 가까운 곳으로 이사를 해야겠다고 생각하던 차에, 마침 주인에게서 연락이 왔다. 세를 올려 주든지 아니면 주인인 자기네가 들어올 테니 나가 달라고 하는 것이었다. 이것이 곧 하나님의 인도하심인줄 알고 교회와 가까운 곳으로 방을 알아보았다. 이왕이면 이사를 좀 쉽게 하려는 생각에 교회와 집을 오가며 안 쓰는 이삿짐을 미리 조금씩 옮겼는데, 좀처럼 입을 열지 않는 장남이 "우리는 아직까지도 집이 없어요?"라고 말하는 것이었다. 그 말은 아빠는 나이가 얼마인데 아직도 집이 없냐는 말투였다. 순간 그 말이 가슴에 깊이 꽂혔는데 아이들 앞에서는 부끄럽기도 했지만 한편으로 하나님 앞에서는 위로가 되었다.

나는 평소에 교회를 짓게 되면 제일 위층에 사택을 꾸며 살고 싶었다. 그런 날이 올 것을 기대하며 혼잣말로 "비록 내 이름으로 마련한 집은 없으나, 내 아버지 집에 거할 곳은 많다." 하며 중얼거렸다.

공직자들은 신상명세서에 재산을 공개해야 하는데 재산이 많으면 솔직히 좋아보이지는 않는다. 나도 부족한 점이 많이 있었지만, 그럼에도 그렇게 부끄럽지는 않다. 오히려 나보다 더 힘들게 살아가는 성도들에게 가까운 친구가 되어 주고 싶을 뿐이다.

나는 초등학교 4학년 때 디프테리아를 앓았었는데 의사 선생님으로부터 생명이 위독하다는 소리까지 들었다. 신촌 세브란스병원에서 그 이야기를 듣고는 무겁고 쓸쓸한 발걸음으로 나왔는데, 지금까지 살아 있으니 이거야말로 하나님의 은혜다. 몸이 아픈 분들에게는 나의 아팠던 시절을 얘기해 주고, 입시에 떨어져 괴로워하는 사람들에겐 나의 재수 시절을 들려준다.

한국 교회 가운데 85%가 작은 교회이고, 우리 지역에는 특히 어려운 교우들이 많이 살고 있다. 생각 없이 던지는 말에 내 가슴은 멍이 들지만, 항상 기뻐하고 쉬지 말고 기도하며 범사에 감사하라고 가르쳐 주신 주님의 말씀 따라 생활하기로 재삼 다짐해 본다.

"주여! '나는 비천에 처할 줄도 알고 풍부에 처할 줄도 알아 모든 일 곧 배부름과 배고픔과 풍부와 궁핍에도 처할 줄 아는 일체의 비결을 배웠노라. 내게 능력 주시는 자 안에서 내가 모든 것을 할 수 있느니라.' 고 고백한 바울을 본받아 살게 하옵소서."

여보! 운동하러 가십시다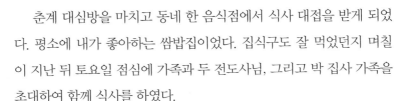

춘계 대심방을 마치고 동네 한 음식점에서 식사 대접을 받게 되었다. 평소에 내가 좋아하는 쌈밥집이었다. 집식구도 잘 먹었던지 며칠이 지난 뒤 토요일 점심에 가족과 두 전도사님, 그리고 박 집사 가족을 초대하여 함께 식사를 하였다.

식사 후 교회에 도착하여 헤어지려 하는데 조 집사가 남편 되는 박 집사에게 "여보! 운동하러 가십시다."라고 말하는 것이었다. 무슨 운동을 하러 가느냐고 묻자, 부부가 교회에 가서 청소하는 것을 일컫는 암호라고 했다. 예수님의 3대 사역이 교육과 전도, 봉사임을 기독교인이라면 누구나 알고 있다. 그런데 요즘은 봉사자들이 많지 않아 교회마다 신경을 많이 쓰는 모습이다. 교회에서 봉사할 일은 무척 많은데 일꾼이 부족한 것이다.

복음성가 '낮엔 해처럼 밤엔 달처럼'의 가사를 보면, '예수님처럼 바울처럼 그렇게 살 순 없을까 / 남을 위하여 당신들의 온몸을 온전히 버리셨던 것처럼 / 주의 사랑은 베푸는 사랑 값없이 거저 주는 사랑 / 그러나 나는 주는 것보다 받는 것 더욱 좋아하니 / 나의 입술은 주님 닮은 듯하나 내 맘은 아직도 추하여 / 받을 사랑만 계수하고 있으니 예수여 나를 도와 주소서' 라는 내용이 있다. 이 복음송이 과거에는 유행 가처럼 여겨지고 유치하게 생각되어 잘 부르지 않는데, 요즘은 눈물 흘리며 부르는 나의 고백송이 되었다. 물질 만능주의가 교회에도 침투하여 이제는 물질만 있으면 모든 것이 다 해결되는 듯이 보인다. 물질 봉사가 제일 큰 봉사인 듯 판을 치는 것 같다. 그러나 하나님은 우리의 몸을 요구하고 계신다.

본스가 말하기를, "건강의 비결은 늙는 것을 슬퍼하지 않고, 몸을 녹슬게 두지 않는 데 있다."고 하였다. 그는 1) 정직하고 2) 밥을 천천히 먹고 3) 잠을 충분히 자고 4) 욕심을 버리고 살면, 스무 살은 젊게 살 수 있다고 말하였다. 최근에 우리나라는 스포츠 강국이 되었고, 국민들의 관심 역시 스포츠를 즐기는 데 쏠리고 있다. 내가 운동을 할 정도인데, 다른 사람이야 무슨 할 말이 있겠는가!

그러나 성경은 말하기를, 육체의 연습은 약간의 유익이 있다고 했다. 진정으로 행복해지고 건강해지는 비결은, 구원받은 성도로서 하나님의 전을 사랑하고 돌보는 일이 아닐까 생각해 본다. 밀레의 '만종'이라는 그림을 보면, 부부가 밭에서 함께 노동을 하다가 기도하는 모습이 그려져 있다. 이 그림을 떠올리며 박 집사 부부를 위해 오늘도 기도드린다.

"이들이 주님의 성전을 청결히 하고 기도드릴 때 응답하여 주시고, 이들이 주님을 뵈옵는 역사가 있게 하옵소서."

그리스도의 훌륭한 일꾼이 되려면

은이나 금보다 은총을 택하라

나의 어린 시절은 참으로 어려웠다. 농촌 목회 하시는 아버님은 네 교회를 맡아 일하셨고, 자녀는 다섯 명이나 되었다. 생활비는 지금의 물가와 비교하면 어느 정도인지 모르겠지만, 어쨌든 각 교회에서 받은 생활비 모두를 합한 금액이 1500원이었던 것으로 기억한다.

아버님께서 제일 존경하시는 목사님은 김용조 박사님이셨다. 김 박사님의 주석을 즐겨 보셨던 아버님은 이분이 세운 신학교를 나에게 소개해 주셨다. 그리하여 시골에서 올라와 서울에 있는, 성결교단에 속한 이 신학교에 입학하게 되었다.

입학하고 처음 맞는 수요일이 되었다. 감리교 출신 동료 두 명과 함께 독립문에서부터 걸어 찾아간 곳은 서대문에 있는 평동교회였다. 그날 저녁 예배 설교는 장기천 감독님이 하셨는데, 잠언 22장 1절에 있는 "많은 재물보다 명예를 택할 것이요, 은이나 금보다 은총을 더욱 택할 것이니라."는 말씀이었다. 이 말씀은 내 가슴에 화살과 같이 박혔다. 사람이 살아가는 동안에 필요한 것이 세 가지가 있는데, '재물'과 '명예'와 '은총'이라고 하였다. 성경이 주는 교훈으로 보면 첫째가 은총이요, 둘째가 명예요, 셋째가 재물인 반면, 육에 속하여 살아가는 인생들은 우선순위를 첫째 재물에, 둘째 명예에, 셋째 은총에 둔다고 하셨다.

신학교를 졸업하고 목회 일선에 나서면서 난 하나님의 은총을 최우선적으로 구하였고 지금도 역시 마찬가지다. "내가 산을 향하여 눈을 들리라 나의 도움이 어디서 올까. 나의 도움은 천지를 지으신 여호와에게서로다."(시 121:1~2)

그 다음은 명예를 귀하게 여기고 있다. 호랑이는 죽어서 가죽을 남기고 사람은 죽어서 이름을 남긴다는 우리나라 속담만 봐도 명예가 얼마나 중요한지 알 수 있다.

그 다음 필요한 것이 물질이다. "은도 내 것이요 금도 내 것이니라. 만군의 여호와의 말이니라."(학 2:8) 하나님은 하나님의 자녀들에게 필요한 만큼의 물질을 공급해 주실 것을 믿는다. 하나님의 말씀은 살아 있고 운동력이 있어 지금도 새롭게 나의 가는 방향을 잡아 주고 계시다.

미국 유니온교회 담임이신 이정근 목사님이 신문에 기고하신 글을 보면 하나님을 위하여 유명해지라고 했다. "먹든지 마시든지 무엇을 하든지 하나님의 영광을 위하여 하라."(고전 10:31)고 하셨으니, 내 모든 것이 주를 나타내는 데 도움 되는 일이라면 얼마나 행복한 일인가를 생각해 보았다.

"내가 어렸을 때는 말하는 것이나 생각하는 것이 어린아이와 같다가 장성한 사람이 되어서는 어린아이의 일을 버렸노라."고 했는데, 하나님은 하나님의 말씀이 우리 곁에 다가서기를 원하신다. 내 생애가 다 가도록 하나님의 말씀을 더욱 가까이 하고, 그 말씀 안에서 살아가기를 희망한다.

재무부가 하나님이여!

내가 속한 감리교회는 당회, 구역회, 지방회, 연회, 총회 이렇게 다섯 개의 의회가 있다. 그 중 가장 기초가 되는 것이 당회인데, 일 년에 한두 차례 당회를 통하여 임원을 선출하고 속회(구역)를 개편하고 부장을 뽑고 기관장을 인준하게 된다.

나는 목회자의 아들로 자라났기 때문에 당회 때마다 어머님이 마음 졸이시는 모습을 여러 번 보아왔다. 예부터 내려오는 말 중에 '당회 마귀가 있다'는 소리까지 있을 정도다.

그런데 이상한 것은 성도들 중에 다른 부서에는 도통 관심이 없으면서 유독 재무부에만 큰 관심을 기울이는 사람들이 있다. 사실 재무부원이 되려면 믿음도 좋아야 하고, 헌금 생활에서 모범을 보여야 하며, 말도 아낄 줄 알아야 한다. 또 기쁜 마음으로 헌금을 드리도록 성도들을 북돋워 줄 수 있어야 하고, 나아가 교회 재정이 부족할 때에는 앞장서서 채울 줄 알아야 진짜 재무부원인 것이다. 그런데 그런 일에는 관심 없고, 재무부원이 되는 것이 무슨 큰 벼슬이라도 되는 양 착각하는 사람들이 더러 있다. 옛말에 '제사에는 관심 없고 제삿밥에만 관심 있다' 는 속담이 있는데, 이런 데다 쓰는 말이 아닌가 싶다.

오래 전, 아버지가 논산 지역에서 목회하실 때의 일이다. 주일 예배를 마치고 나면 재무부 사람들은 항상 주택 건넌방에 와서 회계 정리를 하였다. 부임하여 첫 주에 식사 대접을 하게 된 것이 두 번째 주부터는 안 하는 게 어려워져 계속하게 되었다. 그러다 보니 어머니는 항상 점심식사 차리는 일에서 벗어날 수가 없었다. 그 시골에서 주말마다 음식을 차려 낸다는 것은 참으로 힘든 일이었다. 어느 주일엔가는 꾀가 나서 가만히 계셨다고 한다. 회계 정리가 끝나면 집에 가겠지 하는 마음에서다. 그런데 재무부원들은 매주 식사하던 습관이 몸에 배어서 그런지, 일이 다 끝났는데도 졸고 있을망정 갈 생각을 안 하였다. 안 그래도 마음 불편하게 계셨던 어머니는 급히 부엌으로 가서 식사 준비를 하셨다. 그 후부터는 꾀가 통하지 않는 것을 아시고는 아예 해야 하는 일로 여기시고 매주 봉사하셨던 기억이 난다.

어려웠던 시절의 한국 교회 실상은 참으로 비참하였다. 특히 농촌 교회는 재정이 더 어렵다 보니 정해진 생활비를 제때에 못 주고 매주 나누어 주곤 했다. 때문에 자녀들 등록금이 나오거나 가정에 급한 일이 생기면 걱정이 이만저만이 아니었다. 평생을 이렇게 생활해 오신 어머님은 은퇴하신 후에도 가끔씩 "재무부가 하나님이여!"라고 말씀하신다. 이 말씀을 들을 때마다 삶의 무게가 느껴져 힘없는 웃음이 나온다. '그동안 걸어오신 목회의 길이 얼마나 힘들고 어려우셨을까?'를 생각하면 아들로서 마음이 아프다.

나도 교회 개척을 하여 오늘에까지 이르렀지만, 재정이 부족하여 차용까지 해 주는 재무부는 거의 없었다. 이제는 한국 교회들이 좀 더 성숙해져서 진정 봉사하는 청지기로 거듭나 사명을 잘 감당하게 되었으면 좋겠다.

"주여! 지난날 주님의 사역을 위해 고생을 기꺼이 감수했었던 저들에게 이제 편안한 삶으로 보상해 주시고, 후손된 우리는 사명을 위해 더욱 일하는 지체들이 되게 하옵소서."

전도사님, 부럽습니다!

1977년 11월 둘째 주일 저녁을 지금도 생생히 기억한다. 군대 마지막 휴가를 하루 남기고 아버님이 시무하시던 도고온천교회에서 수요 예배 설교를 하기로 한 날이었다. 저녁 식사를 하는데 전화벨이 울렸다. 그런데 전화 받는 어머니의 모습이 예사롭지 않았다. 어머니는 매우 놀라는 표정을 지으셨고 흥분되어 있었다. 우리 가족은 무슨 얘기를 듣게 되려고 이러나 하는 마음으로, 시선을 모두 어머니께 향하였다. 어머니는 어느 여성이 "저 윤복희예요."라고 하면서 예배 시간을 물어 본다는 것이었다. 어머니가 예배 시간을 알려 주려는 순간, 아버지는 기회를 놓칠세라 특송을 부탁하셨다. 그러자 윤복희 씨는 기타가 있냐고 물었고, 우리는 그 당시 내가 군대 가기 전에 500원 주고 산 중고 기타가 있어서 있다고 하였다.

수화기를 내려놓은 어머니는 집집마다 전화하여 오늘 저녁 예배에 꼭 나올 것을 권하였다. 지금은 고인이 되신 신사훈 박사는 예수님의 재림은 '비오는 날 수요일 저녁'이라고 하였는데, 이 교회도 온천 지역에 속한 교회이다 보니 수요일 저녁 예배 출석률이 저조하였다. 그나마 전화라도 하여 40~50명 정도 모였으니 평소보다는 많이 모인 것이었다.

그 당시는 남녀가 구분지어 앉던 시절이었다. 윤복희 씨는 남편 옆에 앉아 있다 보니 왼쪽 줄인 남자들 자리에 있어서 눈에 쉽게 띄었다. 아버님이 "윤복희 집사님 나오셔서 특별 찬송 해 주시겠습니다."라고 말하자 조용히 앞으로 나와 이사야 53장 5절을 읽었다. "그가 찔림은 우리의 허물 때문이요, 그가 상함은 우리의 죄악 때문이라. 그가 징계를 받으므로 우리는 평화를 누리고 그가 채찍에 맞으므로 우리는 나음을 받았도다." 우리 모두 숙연해지고 있는데, 윤 집사님은 그 말씀을 다시 한 번 읽었다. 그런데 이번엔 '우리' 라는 말 대신 '복희' 라는 이름을 넣어서 읽는 것이었다. 그러다 말씀을 끝까지 읽지 못하고 도중에 흐느껴 울었다. 그때의 그 진한 감동은 결코 잊을 수가 없다.

예배를 마친 후 아버님은 그들을 사택으로 들어오라고 하셨다. 시골 교회로서는 마치 예수님이 다녀가시기라도 한 듯 축제 분위기였다. 아버님은 남편인 가수 남진 씨에게 왜 함께 특송을 부르지 않았냐고 물었는데, 그는 떨려서 못했다고 대답했다. 기라성 같은 그가 시골 교인 몇 십 명 앞에서 떨려서 못했다는 말은 언뜻 들으면 이해가 안 되지만, 한편으로 찬송은 하나님 자녀만이 부를 수 있는 특권임을 느끼게 하는 말이기도 했다.

어머니는 대접은 해야겠는데 마땅한 것이 없다 보니 뻥튀기를 가져오셨다. 내 설교를 들은 남진 씨는 육군 병장에다 머리는 빡빡 민 초라한 나에게 "전도사님, 부럽습니다."라고 말하였다. 그 유명한 가수가 나를 부럽다고 하니 좀 의아하긴 했지만 기분은 좋았다.

지금도 나는 그때를 잊을 수 없고, 나야말로 최고의 행복자임을 느끼며 목회하고 있다. 또 후배나 내 아들에게 목회의 긍지를 심어 주려고 애쓰고 있다.

"주여! 오늘도 내일도 늘 기쁘게 목회에 임하게 하옵소서!"

사순절을 뜻있게

사순절을 뜻있게 보내기 위해 올해 우리 교회에서는 각자 자기반성의 기회를 갖자고 하였다. 왜냐하면 우리는 나름대로 잘 믿고 있다고 생각하지만 자신을 되돌아보기란 좀처럼 쉽지 않기 때문이다. 기도를 깊이 하면 부족함을 느낄 수 있으므로, 믿음이 성장할 수 있는 의미 있는 시간이 될 것이다.

오늘 새벽 기도회 때 하나님의 말씀을 통하여 많은 반성을 하였다. 사울이 아말렉과의 싸움에서 승리하였음에도 하나님의 명령을 교묘히 거역하자 "내가 사울을 세워 왕 삼은 것을 후회하노니 그가 돌이켜서 나를 좇지 아니하며 내 명령을 이루지 아니하였음이니라."는 말씀이었는데, 혹시 내 모습을 보시며 하나님께서 후회하시지는 않을까 하는 생각이 들었다. 신앙은 자신을 돌아보면서 부단히 노력해야 한다. 고칠 것은 과감히 고치며 변화를 모색해야 한다. 변화 없는 신앙은 퇴보하는 것이다.

어떤 서양 사람이 "한국의 교회 안에는 신자가 많은데, 교회 밖에는 신자가 드물다."고 했다는데, 우리의 현재 모습을 반성하라는 소리로 들린다. 사순절에 교회마다 자기 절제의 운동을 통하여 성숙한 성도들로 다시 태어났으면 하는 바람이 간절하다.

진짜 우리 목사님이 최고에요!

지난 주 세계복음화중앙협의회 주최로 열린 연합 철야 기도회에 참석하고자 이천순복음교회에 갔다. 과연 듣던 대로 웅장한 성전이었고, 훌륭한 목회를 하고 계셔서 부러웠다.

나는 개회 예배 기도 순서를 맡았다. 신학생 시절부터 느끼는 게 있다면, 부흥회 인도는 서로 하려고 하는데 기도 순서를 맡는 것은 별로 좋아하지 않는다는 것이다. 기도는 믿음으로 간절히 해야 하고, 진짜 훌륭한 기도는 응답받는 기도라고 생각한다.

가끔 성도 중에 대표 기도를 하고 나서 주변 사람들에게 "나 기도 잘했어?" 하고 묻는 경우가 있다. 아마도 기도를 잘했다는 소리를 듣고 싶어서 그러는 거 같다.

나는 성령님께 의지하여 뜨겁게 대표 기도를 했다. 철야 기도회를 마치고 집에 돌아왔는데, 성도 한 분이 문자를 보내 왔다. "평소에도 느꼈지만, 이번에 보니 진짜 우리 목사님이 최고에요!"라는 내용이었다. 새 힘이 팍팍 솟아나는 것 같은 느낌이 들면서 매우 기뻤다. "우리 교회 성도니까 좋게 봐 줘서 그렇지요. 감사합니다. 더욱 훌륭한 목사되겠습니다."라는 내용으로 답장을 보냈다. 그러자 또 답장이 왔는데

"진짜로 우리 목사님이 최고에요."라는 글이었다.

칭찬을 싫어하는 사람은 단 한 사람도 없을 것이다. 성도가 보내 준 뜻밖의 글로 인해 행복한 마음으로 잠을 청할 수 있었다. 앞으로 돈을 많이 벌어서 우리 목사님이 좋은 일을 할 수 있게 돕고 싶다는 내용도 있었다. 난 행복한 사람이다.

27년 동안 목회를 해 오면서 교인들에게 배신당한 때도 있었다. '내가 무슨 잘못을 저질러 이러나?' 하는 생각에 씁쓸하고 고독했었다. 그런데 오늘 들은 진짜 우리 목사님이 최고라는 소리에 많은 위로를 받고, '조금은 목자의 사명을 감당했구나!' 하는 생각에 보람을 느끼게 된다.

이제 15년의 목회 생활이 남았다. "주님! 히스기야 왕이 하나님께 기도하여 15년의 생명을 연장 받았는데, 히스기야 왕의 그 간절했을 심정을 생각하면서 저 또한 시간을 아껴 후회 없이 양들을 돌보는 사명자의 길을 걷게 하옵소서."

짧은 설교가 좋거든요!

어떤 목사가 "여자 치마와 설교는 짧을수록 좋다."는 말을 자주 하여 지도자로서 자질에 문제가 있다고 평신도들 사이에서 거론된 적이 있다.

나는 어렸을 때 부흥집회에 참석하면 가끔씩 시계를 들여다보았다. 대부분 지루해서 봤을 거라 생각하겠지만, 반대로 끝날 시간이 다가오는 게 싫어서였다. 이런 것 보면 내가 아버지를 닮긴 했다. 나와 아버지의 공통점이 있다면 "짧은 설교는 싱겁고 아쉽다."라고 말한다는 점이다.

그런데 현대인들은 너나 할 것 없이 긴 설교 좋다는 사람이 없다. 어느 날 그 유명한 명성교회 특별 새벽 기도회를 방송을 통해 보게 되었는데, 김 목사님이 성도들에게 하나만 더 하고 마칠 테니 조금만 참으라고 말하는 것을 보며 위안을 받은 적이 있다.

국민일보에 '가정예배'를 기고하면서 기독교 텔레비전에 가정예배 방송이 나가게 되었다. 녹화 시간이 한 편당 6~7분이기에 그 시간을 잘 맞춰야 하는데, 그 안에 설교를 끝낸다는 것이 쉬운 일이 아니다. 정말이지 그 일은 숙달된 조교가 아니면 어려운 작업임을 느꼈다. 지금 다시 하라고 하면 그때보다 잘할 것 같은 많은 아쉬움이 있다.

그 후 당진에 사시는 우리 교회 임 집사님의 어머님께 전화를 드리면서 텔레비전을 보시라고 하였다. 얼마 뒤 "목사님, 텔레비전에 나오는 설교를 들으니 짧아서 좋더구먼유. 요즘은 시골 사람도 짧은 설교를 다 좋아하거든유. 우리 목사님은 너무 길어서 싫어들 해유."라고 하시며 전화를 하셨다. 이 말이 남의 말 같지가 않았다. 나도 시간 제약을 받았으니 망정이지 그냥 놔두었으면 어떻게 되었을지 모른다.

얼마 전에 주일 오후 예배 설교가 길어서 성가대원들 연습에 차질이 있다는 말을 들었다. 그때 나는 '너희들도 해 봐라. 그게 그렇게 쉬운가!' 하는 생각을 하였다. 어쨌든 그 후에 설교 하나만큼은 이런저런 소리 듣지 않게 똑 소리가 나게 잘해 보자 하고 다짐하였다.

"주님! 목회의 생명은 설교라고들 하는데 이 종에게도 은혜 주셔서 설교만큼은 한국에서 가장 은혜롭게 잘 하는 목회를 하게 하옵소서."

착하고 충성된 종아!

사순절을 전후하여 감리교회는 연회가 한창이다. 연회 중에는 목사 안수식이 베풀어진다. 결코 짧지 않은 신학대학과 대학원 과정, 그리고 목회 수련 과정을 거쳐 드디어 꿈에 그리던 목사 안수식을 앞두고 잠 못 이룬 젊은 교역자들이 많을 것이다. 그런가 하면 목회를 시작한 지가 엊그제 같은데 은퇴를 앞두고 있는 목회자와 그의 가족들도 있다. 아마 만감이 교차할 것이다.

'나도 언젠가는 은퇴의 대열에 서겠지!' 하는 생각을 하다 보니, 지혜의 왕 솔로몬의 말이 떠올랐다. "전도자가 이르되 헛되고 헛되며 헛되고 헛되니 모든 것이 헛되도다. 해 아래에서 수고하는 모든 수고가 사람에게 무엇이 유익한가. 한 세대는 가고 한 세대는 오되 땅은 영원히 있도다."

은급부에서 발표한 내용을 보면, 교역자가 은퇴 후 3년 이내에 생을 마치는 경우가 많다고 한다. 젊은 삶을 주님을 위해 헌신했고, 여생 또한 생명의 주관자이신 하나님께 맡기고 산다면 3년이란 숫자는 뭐 그리 대수겠는가!

우리가 주님 앞에 설 때의 모습을 두 가지로 생각해 보았다. 한 부류의 사람들에게는 "잘하였도다. 착하고 충성된 종아! 네가 적은 일에 충성하였으매 내가 많은 것을 네게 맡기리니 네 주인의 즐거움에 참여할지어다.", 또 다른 부류의 사람들에게는 "악하고 게으른 종아, 나는 심지 않은 데서 거두고 헤치지 않은 데서 모으는 줄로 네가 알았느냐."라고 하실 것만 같다.

나는 이 말씀을 가슴에 새기고서 오늘도 열심히 일한다. 주님이 부르시는 날 "착하고 충성된 종아!"라고 해 주시기를 기대한다. 이 얼마나 가슴 뿌듯한 말씀인가!

얼마 전 나는 소중한 교훈을 하나 얻었다. 현재 나는 숭의교회 이호문 감독님을 모시고 21세기감리교성장선교회(총재 배동윤 감독)의 상임총무를 맡고 있다. 2004년 행사 계획을 세우기 위한 임원 모임이 열렸다. 마침 대표회장이신 이호문 감독님이 청량리교회(담임 배동윤 감독)에서 부흥성회 인도를 하시는 중이라 그 곳에서 모이게 되었다. 점심 식사를 하고 있는데 배 감독님 말씀이 다음 주에 은퇴를 하게 되었다고 하셨다. 그러다 보니 교회적으로나 개인적으로 경황이 없어서 부흥집회를 하기가 어려웠는데 그럼에도 이 감독님이 부흥회를 하자고 하여 집회를 열게 되었다는 말씀이었다. 배 감독님의 마지막 목회를 정리하는 모습을 보며 큰 은혜를 받았고 존경하는 마음이 더 생겼다.

바울이 고백한 말씀이 떠올랐다. "전제와 같이 내가 벌써 부어지고 나의 떠날 시각이 가까웠도다. 나는 선한 싸움을 싸우고 나의 달려갈 길을 마치고 믿음을 지켰으니 이제 후로는 나를 위하여 의의 면류관이 예비되었다."라고 하였는데, 아마 배 목사님께서도 바울처럼 최

그리스도의 훌륭한 일꾼이 되려면

선을 다하여 싸우고, 마치고, 지켜 온 삶을 돌이켜 보시는 중일 것이다. 배 감독님은 21세기감리교성장선교회 총재로서의 성실하고 아름다운 모습을 끝까지 보여 주셨다.

지금 난 은퇴를 한 주 앞둔 내 모습을 상상해 본다. 과연 나는 성도들에게 어떤 은혜를 끼치기 위하여 노력할 것이며, 또 교회 성장을 위해서는 어떤 모양으로 마지막 불을 태우게 될까를 생각해 보았다.

누가 배 감독님의 뒤를 이을지는 모르지만, 웨슬리는 "하나님은 하나님의 사람을 장사할지라도 그 일은 계속하신다."고 했는데 하나님이 예비하신 새 시대 새 일꾼이 그 뒤를 훌륭하게 감당해 나가기를 바란다.

주님은 오늘도 최선을 다하는 우리의 모습을 보시며 상을 준비하실 것이다. 예수님의 마지막 기도와 같이 '다 이루었다' 는 말을 남길 수 있도록 오늘도 힘써 달려가자.

첫 목회지에서 맺은 첫 열매

농사를 지은 경험이 있는 분들은 첫 열매의 소중함을 잘 알 것이다. 신학교에 입학하던 해 강태국 박사님이 쓰신 책을 읽었다. '당년에 거두려거든 곡초를 심고, 십 년에 거두려거든 나무를 심어라. 백년에 거두려거든 사람을 심고, 영원히 거두려거든 복음을 심어라.' 하는 내용이었는데 30년이 지난 지금도 잊히지 않는 말씀이다.

1974년 11월 31일 강경지방 성민교회(현재 성동제일교회)에서 신학생 신분으로 첫 목회를 시작하여 이듬해 10월 17일 군대 입대하기 전까지 있었으니 1년이 채 안 되는 기간이다. 짧은 기간이었음에도 솔로몬 성전의 두 기둥이었던 야긴과 보아스 같은 주의 종 목사와 사모를 배출하였으니, 이는 나에게 있어 가장 큰 보람이다.

더벅머리 총각 전도사가 부임하여 처음으로 대심방을 하였는데 그 집이 바로 문금순 집사님 댁이었다. 심방 예배를 마치고 가족 사항을 물었더니 아들만 8형제인데 막내아들 나이가 전도사님과 비슷하다고 하였다. 그 아들은 논산에 있는 동방생명에 근무 중이었는데 곧 퇴근하여 돌아올 것이니 만나고 갔으면 좋겠다고 하여 기다리게 되었다. 밤 12시가 거의 다 되어 들어왔는데 키도 크고 인물이 참 잘생긴 미남이었다. 밤이 깊어 제대로 얘기도 못 나눈 채 집으로 돌아왔다.

다음날 아침 일찍 그가 찾아왔다. 어제는 미안하게 됐다고 하면서, 본인이 직장을 그만두게 되어 직원들끼리 마지막 회식을 하느라 늦었다고 했다. 이런저런 장래에 대한 이야기를 나누다가 전날 교계 신문에서 내가 다니고 있던 신학교의 모집 요강을 본 게 생각났다. 혹시 신학교에 들어가서 공부할 생각이 없냐고 물었더니 마치 기다리기라도 했다는 듯 공부하고 싶다고 하였다.

다음날 바로 서울에 올라가서 원서를 사 왔다. 한 달 조금 넘게 사택 건넌방에서 성경 공부 과외를 집중적으로 시켰고, 무사히 입학하게 되었다. 그 결과 담임전도사는 2학년, 그 청년은 1학년이 되었다. 그 청년은 잘생긴 얼굴에 목소리도 좋고 공부도 잘 하여 우등생으로 졸업한 후 안수 받고 군목으로 임관하여, 지금은 중령으로 군복음화에 헌신하는 귀한 일꾼이 되었다.

또 한 사람은 교회 건너 마을에 살던 아가씨였는데, 전도하기 위해 그 동네에 가려면 꼭 우물 옆을 지나가야만 했다. 그때마다 그녀는 그곳에서 빨래를 하고 있었다. 복음을 전하면 수줍어 웃기만 하던 그녀가 어느 날 교회에 나왔고 열심히 신앙생활 하는 청년으로 바뀌었다. 논산여고를 우수한 성적으로 졸업한 똑똑한 아가씨였다. 몇 년이 지난 뒤, 후임 목사님의 소개로 목회자와 결혼하여 사모님이 되었다는 반가운 소식을 들었다. 그리고 어느 날 그 사모님을 만날 수 있었다. 그 사모님은 지금 시흥남지방 알곡교회를 담임하는 백영민 목사님의 사모님이시다.

약한 자를 들어 강하게 하시며 무능한 자로 유능한 자를 부끄럽게 하시는 하나님을 이 두 사람을 통해 경험하게 하신 하나님께 찬양 드립니다. 엄승룡 목사님, 전영숙 사모님! 승리를 빕니다.

그리스도의 훌륭한 일꾼이 되려면

참 재미있으신 하나님

올해 12월이면 교회를 개척한 지 어언 25년을 맞이하게 된다. 며칠 전 기독교 주간지에서 본 '교인을 똑똑히 가르치라!' 는 문구가 아른거린다. 바로 나한테 하는 이야기 같아서다.

전국을 다니며 복음을 외치다 보니 종종 교인들에게 부탁 아닌 부탁을 하게 된다. 나가서 복음을 전할 때 우리 성도들의 삶을 간증할 수 있게 해 달라는 게 나의 부탁이다. 우리나라 속담 중에 '쇠귀에 경 읽기' 라는 속담이 있는데, 우리 교인들은 내게 간증거리를 주지 않았다. 그런데 어느 날 '지성이면 감천' 이라는 속담이랑 딱 맞는 감동의 이야기를 접하게 되었다. 눈물이 앞을 가린다. 가슴이 벅차오른다.

교회를 개척하자마자 만난 집사님은 그 당시 중학교 3학년 여학생이었다. 중학교 졸업식에 참석한 지가 엊그제 같은데 지금은 두 아이의 엄마가 되었고 현재는 교회학교 교사로, 여선교회 회장으로, 재무부 회계로 두루 봉사하고 있다. 이 집사님의 어머님 또한 권사님으로 교회를 섬기시다 몇 해 전 하나님 나라에 가셨다. 어머니의 대를 이어 봉사하는 귀한 이 집사님은 명실 공히 교회 역사의 산증인이다.

며칠 전 내 사무실에 찾아왔을 때 솔직히 무슨 일인가 하여 당황

했다. 얼굴이 좀 이상해 보였기 때문이다. 이야기의 내용은 과로로 인하여 안면에 신경마비가 와 입이 돌아갔고 눈도 움직일 수 없다는 것이었다. 그래서 직장을 일주일 휴직하고 병원을 다니며 쉬기로 했다는 것이었다.

그런 일이 있은 후 며칠 뒤에 집사님이 사무실에 다시 왔다. "목사님, 사실은 금년 추석이 주일인데 시어머니께서 교회에 안 나가시니 시댁에 안 갈 수도 없고, 그렇다고 주일을 범할 수도 없고 해서 걱정이 되었어요. 더구나 교회학교 교사로서 모범을 보여야 할 텐데 어찌해야 하나 걱정을 많이 했어요. 고민하다가 도저히 다른 방법이 없어 하나님께 차라리 저에게 병을 달라고 기도를 했어요." 하고 말하는 것이었다. 그 기도 후 곧 안면 근육에 신경마비가 왔다는 것이었다. 그 일로 인해 직장에 휴가까지 내고 병원을 다니다 보니 걱정이 된 시어머니께서 올 추석에는 시댁에 오지 말고 쉬라고 하셨다는 이야기였다. 집사님은 이렇게 되어 올 추석 명절에는 두 아이와 함께 주일도 지킬 수 있게 되었고, 어린이들에게 본을 보일 수 있게 되어 다행이라고 하더니, '참 재미있으신 하나님'이라고 하였다.

이 이야기를 들은 나는 큰 충격과 감동을 받았다. 농사 중에는 자식 농사가 제일이라는데, 내 목양지에서 자란 성도 가운데 이런 믿음을 가진 성도가 나왔다는 게 큰 보람이었다.

"하나님! 우리 이 집사에게 더욱 큰 신앙과 건강을 주시고 한국 교회의 모델 신앙인이 되게 하옵소서."

크리스천의 무공해 감사 생활

11월을 맞이하면 크리스천은 추수감사절을 떠올린다. 하나님 은혜에 대한 감사와 신앙의 선배인 청교도들의 귀한 감사 정신을 본받아, 아벨처럼 더 나은 감사를 하나님께 드림으로 의로운 자라 하는 증거를 얻기 바란다. 성도는 하나님 안에서 축복을 발견한 자이므로, 환경에 구애받지 않고 늘 감사해야 한다. 어떠한 일을 만난다 해도 하나님을 사랑하는 자는 모든 것이 합력하여 선을 이룬다는 진리를 알고 있기 때문이다.

본 회퍼는 "그리스도인과 비그리스도인의 구별은 이 세상을 살아가는 데 있어 즐겁게 감사하며 사는가 아닌가의 차이뿐"이라고 말했고, 종교 개혁자 마르틴 루터는 "마귀의 세계만이 감사가 없다."고 하였다. 감사는 히브리어로 '야다'라고 하는데, 사실을 인정하고 기뻐하며 그의 능력과 사랑 또한 축복을 인정하여 드린다는 뜻이다. 플라톤은 만물 중에서도 사람으로 태어난 것을 감사했고, 이성봉 목사님은 동물 같은 인간이 되지 않은 것을 감사하였다. 감사(Thank)는 생각(Think)에서 온 말인데, 무슨 일이 일어나거나 어떤 상황에 처해도 깊이 생각하면 감사할 수밖에 없다는 뜻이다.

옷이 잘 맞는 것을 감사하라. 마음껏 먹을 수 있다는 것을 뜻하기 때문이다. 파티 후에 청소할 지저분한 것들이 있음을 감사하라. 친구들이 주위에 많다는 것이다. 내야 할 세금을 감사하라. 일할 수 있는 직장이 있다는 뜻이다. 잔디를 깎고 창문 고치는 일을 감사하라. 상급이 있음을 말하기 때문이다. 연료비 청구서를 감사하라. 따뜻하게 살고 있음을 말하기 때문이다. 세탁할 때 빨랫감에게 감사하라. 입을 옷들이 많다는 것을 뜻하기 때문이다. 주차장이 떨어져 있는 것을 감사하라. 걸을 수 있음을 말하기 때문이다. 교회에서 음정 틀리며 찬송하는 숙녀가 있는 것을 감사하라. 생생하게 청각으로 들을 수 있다는 말이다. 정부에 대해서 부정하는 사람들을 감사하라. 언어의 자유가 있기 때문이다. – 〈코리아 헤럴드〉 '감사할 일들'

나와 늘 가까이 지내는 양 목사는 새벽에 일어나면 지난 밤 죽지 않고 살게 해 주심을 감사한다고 한다. 코를 심하게 고는 사람은 다른 사람들보다 심장마비 걸릴 확률이 훨씬 높기 때문이라고 한다.

얼마 전 친척 모임에 참여하여 집안 어른을 만났는데, 이분은 심장병 주신 것을 하나님께 감사한다고 하였다. 죽을 때 고통당하는 사람들을 많이 봤는데 심장병 환자는 심장만 멈추면 곧바로 죽기 때문에 다른 사람들에 비하여 고통이 적다고 하였다.

지나온 날을 돌아볼 때 불평스러운 일들이 많이 있었겠지만, 범사에 감사하라고 하신 주님 말씀에 순종하고 구원의 은혜를 깨달아 오직 무공해 감사로 하나님을 기쁘게 하는 자들이 되기를 바란다.

크리스천의 전천후 감사 생활

'감사하는 집엔 행복이 찾아오고, 불평하는 집엔 불행이 찾아와서 노크한다.'는 말이 있다. 하나님께서는 모세에게 "너는 매년 삼차 내게 절기를 지킬지니라." 하였지만, 오늘날의 교회는 신앙의 자유를 찾아 미국으로 건너 온 영국 청교도들에 의해서 시작된 추수감사주일의 유래를 따라 지키고 있다.

예수님께서는 백부장의 대답을 들으시고 "내가 진실로 너희에게 이르노니 이스라엘 중 아무에게서도 이만한 믿음을 만나보지 못하였다."고 하셨는데, 그렇다면 하나님 앞에서의 내 감사의 분량은 얼마나 될까? 하나님의 뜻은 범사에 감사하는 것이다. 우리 주변에는 두 종류의 사람이 있는데, 바로 감사하며 사는 사람과 불평만 하며 사는 사람이 있다. 과연 우리는 어디에 속한 사람인가? 믿음이 살아 있는 크리스천이라면 당연히 어떤 환경 속에서도 감사할 줄 아는 전천후 감사 생활을 해야 한다.

어느 병원에 이런 글이 있었다.

주님!
때때로 병들게 하심을 감사합니다.
인간의 약함을 깨닫게 해 주시기 때문입니다.

가끔 고독의 수렁에 내던져 주심도 감사합니다.
그것은 주님과 가까워지는 기회입니다.

일이 계획대로 안 되게 틀어주심도 감사합니다.
그래서 나의 교만이 반성될 수 있습니다.

아들, 딸이 걱정거리가 되게 하시고
부모와 형제가 짐으로 느껴질 때도 있게 하심을 감사합니다.
그로 인해 인간된 보람을 깨닫기 때문입니다.

먹고 사는데 힘겹게 하심을 감사합니다.
눈물로써 빵을 먹는 심정을 이해할 수 있기 때문입니다.

불의와 허위가 득세하는 시대에 태어난 것도 감사합니다.
하나님의 의가 분명히 드러나기 때문입니다.

땀과 고생의 잔을 맛보게 하심을 감사합니다.
그래서 주님의 사랑을 깨닫기 때문입니다.

주님!
감사할 수 있는 마음을 주심을 감사합니다.

존 웨슬리가 하루는 한 교인의 가정을 방문하였다. 그 부인은 지난 6개월 동안 7명의 가족을 잃고 삶의 용기를 잃은 채 몸져누워 있었다. 설상가상으로 위로하려고 찾아간 그날 아침에도 어업에 종사하던 남편이 바다에서 실종되었다는 전갈을 받고는 쓰러져 있는 중이었다. 존 웨슬리가 "참으로 안타까운 일입니다. 얼마나 마음이 아프시겠습니까?"라고 위로하자, 그 부인은 창백한 얼굴에 눈물을 흘리며 "그저 인간적인 생각을 하면서 잠깐 쓰러져 있었을 뿐입니다. 제가 어찌 하나님의 뜻대로 되어가는 일들을 괴로워하며 불평할 수 있겠습니까? 단지 저의 가족이 모두 제 곁을 떠난 것이 섭섭해서 그렇습니다. 하지만 하나님께서 항상 제 곁에 계실 것을 믿기에 아무 염려도 하지 않습니다."라고 말하였다. 웨슬리는 하나님께서 이 부인의 마음을 그처럼 평온하게 해 주심에 감사하면서 돌아왔다.

우리는 종종 선지자 하박국의 기도를 묵상한다. "비록 무화과나무가 무성하지 못하며 포도나무에 열매가 없으며 감람나무에 소출이 없으며 밭에 먹을 것이 없으며 우리에 양이 없으며 외양간에 소가 없을지라도 나는 여호와로 말미암아 즐거워하며 나의 구원의 하나님으로 말미암아 기뻐하리로다."

마틴 루터는 "마귀의 세계만이 감사가 없다."고 하였고, 톨스토이는 "감사할 줄 아는 사람은 젊어진다."고 하였다.

전에 아버지가 목회하셨던 남양교회에 아들만 넷을 둔 성도님이 계셨는데, 장남이 농아였다. 그는 항상 감사하는 성도의 본을 우리에게 보여 주신 분이었다. "내가 농사짓는 아들을 안 낳았어, 서울대학교 다니는 아들을 안 낳았어, 중학교 다니는 학생을 안 낳았어, 그렇다고 내가 벙어리를 안 낳았어!"라고 하셨는데, 우리 가족은 그 믿음을 지금까지 귀히 여기며 기억하고 있다.

지금 세계는 금융 경제 대란을 맞아 서민들의 마음을 움츠려들게 하고 있다. 이런 때일수록 불평하기보다는 하나님의 계획하심이 있음을 믿고 구원의 하나님께 지혜를 얻어야 할 것이다.

금년에도 변함없이 하나님의 은혜로 추수의 계절을 맞이하였다. 얼마 전에 대학 수능시험이 있었는데, 우리도 믿음 시험에 있어서 감사하는 마음에 고득점을 올려 모두가 천국 대학에 수석으로 입학하기를 바란다. 욥과 같이 어떤 상황에서도 감사하는, 하나님이 자랑하는 크리스천이 모두 되었으면 한다.

활짝 열린 교회를 꿈꾸며

신학생 신분으로 목회를 시작한 그 당시는 부흥회를 많이 하던 시절이었다. 개척 초기에는 일 년에 두 차례씩 부흥회를 했는데, 36회까지는 부흥회 때 있었던 모든 일을 확실하게 기억한다. 그 중에서도 임영훈 목사님을 모시고 집회했을 때가 특히 기억에 남는다. 사례비로 20만 원을 드렸는데, 받기에 맘이 편치 않으셨던지 놓고 가셨다. 지금 생각하면 무척 죄송한 일인데, 그때는 솔직한 심정으로 무척 고마웠다.

지금 임 목사님과는 서로 신뢰하며 잘 지내는 사이다. 얼마 전 기독교타임즈 '목회 현장' 코너에 임영훈 목사님이 담임하시는 목동의 '한사랑교회'가 소개되었다. 창립 때부터 오직 한 길 '선교하는 교회'를 표어로 삼고 있다고 했다. 더욱 내 마음을 사로잡은 것은 '기도하고 싶어서 울었습니다'라고 적혀 있는 작은 제목이었다. 이 글을 보며 마음이 뭉클했었는데, 한사랑교회 성도들도 담임목사님에 대해 '성령이 충만하고 기도를 쉬지 않는 뜨거운 열정의 소유자'라고 말하고 있었다.

임 목사님은 목회 초년병 시절에 동대문교회에서 열린 연회에 참석했다가 숙소에서 가장 가까운 교회로 기도드리러 갔는데 교회 문이 잠겨 있었다고 한다. 그 당시 절박한 심정으로 기도하고 싶어 교회를 찾았는데 문이 잠긴 것을 보고는 속이 상하여 그 자리에서 서원 기도를 드렸다고 한다. '만약 제가 서울에서 목회를 하게 된다면, 지금처럼 교회의 문을 잠가 놓는 목사가 되지 않겠습니다. 늘 기도할 수 있게 문을 열어 놓겠습니다.' 하고 맘속으로 기도하였다고 한다.

나는 이 글을 읽고 괴로웠다. 우리 교회 역시 교회 문을 잠가 놓고 있기 때문이다. 사무실이 2층에 있다 보니 아래층에 남아나는 것이 없을 만큼 도둑을 맞아, 어쩔 수 없이 잠그게 되었다. 잠시 열었던 적도 있었는데 술 취한 사람들이나 노숙자들이 로비에 쓰러져 있어 새벽에 일찍 오는 성도들이 무서워서 아예 교회에 늦게 오는 것이었다.

내 집은 만민이 기도하는 집이라고 하신 예수님의 말씀이 있기에 마음이 아프다. 오고 가는 사람들이 자유롭게 들를 수 있는 축복받은 교회가 되어야 할 텐데, 쉽지 않은 현실은 갈등을 많이 하게 한다. 그리하여 광고 시간을 통하여 교회는 늘 문이 열려 있어야 하니 교회에서 한 명 이상이 기도할 때는 교회 문을 열어 놓자고 하였다. 그랬더니 며칠 지나 가장 가까운 사람들로부터 남은 것마저 다 도둑맞고 싶어서 그러냐는 공격 아닌 공격이 들어왔다. '목회란 말도 많고 탈도 많구나!' 하는 생각을 어쩔 수 없이 또 했다.

"주여! 우리 교회를 포함한 모든 교회가 24시간 맘 놓고 문을 열어, 언제라도 주님을 만나 교제할 수 있는 교회가 되게 하옵소서." 오늘도 기도드린다.

사순절에 떠오르는 사람

3월이 되면 3.1절과 독립선언문을 발표한 민족 대표 33명, 그리고 유관순 열사가 생각난다. 고 박정희 대통령 하면 새마을운동과 고속 도로가 생각난다. 내게는 매년 사순절이 되면 항상 떠오르는 사람이 있다.

나는 신학생 신분으로 1979년도 말에 개척 교회를 시작했는데, 그 당시 같은 반 신학생 동기였던 친구 몇 명이 전도를 돕기 위해 우리 교회를 찾아왔다. 지금은 오래 되어 생각이 잘 안 나는데 그럼에도 지금까지 또렷하게 기억나는 사람이 있으니, 그는 현재 남양주 수동교회를 담임하고 있는 박명순 목사다. 이름만 보면 여성적인 분위기라 부드러운 성격일 거 같지만 전혀 그렇지 않다. 성격이 약간 급하고 말하는 것이 조금 거칠게 느껴지다 보니 내성적이었던 나와는 성격이 맞지 않아 얼마간의 거리감을 갖고 있었던 것이 사실이다.

그러던 어느 날 나는 그가 던진 한 마디에 큰 감동을 받았는데, 이 일로 인해 그에 대한 인식을 새롭게 하게 되었다. 그 말은 마치 우리에게 정신을 차리라는 어조처럼 들렸는데, 바로 "지금은 사순절 기간이야!"라는 말이었다.

지난 주 교계 신문을 보니 '3.1절 기념행사 한산, KNCC 예배 안 드려, 기독교에 푸대접받는 88주년 3.1절'이라는 문구가 한눈에 들어왔다. 3.1절이 역사적으로만 중요할 뿐 사회적으로는 현실감을 잃어버린 듯하다는 것이었다. 어디 그뿐인가? 지금 전반적인 사회 분위기는 나 아니면 다 남이라고 할 만큼 싸늘해져 있음을 느낀다. '뉴욕의 쌍둥이 빌딩이 무너져 내려 수많은 사람이 죽어도 내 감기만큼도 관심을 안 갖는 분위기 아닌가?' 하는 생각이 들 정도다. 이처럼 사회는 각박해지고 개인주의는 더욱 팽배해지는 이즈음, 그때 들었던 "지금은 사순절 기간이야!"라는 말이 더욱 새록새록 생각난다.

오늘 저녁 식사는 처가 쪽의 친척 가운데 생일을 맞이한 사람이 있어서 고기로 푸짐하게 잘 먹고 왔다. 그리고 집에 돌아와서 저명한 목사님이 쓰신 「사순절에 생각한다」라는 책을 읽었다. 책에는, 사순절은 중세기 이후부터 교회가 지켜 왔고 주로 참회 기도와 극기를 바탕으로 육식을 금하였고 결혼을 비롯한 행사도 지양하였다고 쓰여 있었다. 정직한 신앙의 자세를 견지하고 이 기간에 고난의 길로 행하신 주님과 동행하기로 했다고 하면서 이 기간을 무엇보다도 자기반성의 기회로 삼았으면 좋겠다는 그런 내용이었다. 이 내용은 내 마음을 뭉클하게 하였다. 그런데 나는 고기나 실컷 먹고 왔으니 후회가 되었다. 마치 나를 나무라는 듯하여 가책을 많이 느꼈다.

그 옛날 예수님께서는 바리새인들을 향해 경건의 모양은 있으나 능력은 부인하는 자라고 책망하셨는데, 그 모습이 남의 모습이 아닌 내 모습임을 느끼며 회개의 기도를 드렸다. 나는 오래 전 그 친구가 말한 "지금은 사순절 기간이야!"라는 말을 영원히 잊지 못할 것이다. 이런 것을 보면 아직은 그래도 나에게 하나님의 은혜를 받을 공간이 남아 있는 거 같아 위로가 되기도 한다.

기독교는 아직 제 맛을 내지 못하고 있는데 쓸 만한 인재들이 돈, 명예, 여자 등의 탐욕에 걸려 무너지는 것을 보면 안타깝다. 강력한 영적 공동체인 수도 공간을 마련하여 영의 힘을 무한대로 공급받을 수 있는 시스템을 마련하여야 한다는 어느 목사님의 말씀에 새로운 각오를 가져 본다.

사순절 기간을 하나님이 한국 교회에 선물로 주신 참된 기회로 삼아 철저한 자기반성과 과감한 정신으로 모두가 새로 태어나고, 조용한 변화의 새바람이 자신과 교회 더 나아가 온 사회에 불기를 바란다.

그리스도의 훌륭한 일꾼이 되려면

낮은 자리의 세습

나는 아버님의 목회지를 따라 논산에서 고등학교를 다녔다. 그 당시 그곳의 유일한 기도원은 논산 가야곡면에 있는 영암기도원이었는데 시설이 매우 안 좋았다. 비가 올 때를 대비하여 천막으로 천장만 만들어 놓은 상태였고, 전기는 자가발전이었는데 소리가 요란하였다. 여름이면 인근의 성도들이 교파를 초월하여 이곳에 모여 은혜를 받았고, 각 교파의 유명한 부흥사들이 강사로 오셨다. 부흥회가 시작되기 전에는 마음의 문을 열기 위하여 찬송을 하였는데, 아버님은 수년간 맡아 놓고 찬송을 인도하셨다. 아버님의 히트곡은 단연 '천당가' 였다.

이후 신학교에 입학하기 전에 은혜를 사모하는 마음으로 기도원을 찾았다. 처음에는 기도원에서 북을 쳤는데 그 당시 찬송인도가 어쩐지 내 마음에 차지 않았다. 그래서 내가 해야겠다는 생각이 들었다. 그렇게 시작하게 된 나는 아버님의 뒤를 이어 몇 년간 찬송인도를 하였다.

어느 날 고(故) 신현균 목사님이 강사로 오셨다. 집회 중간에 신 목사님은 나를 나오라고 하시더니 '우리는 이기리라' 는 찬송을 인도하라고 하셨다. 그리고 많은 사람들 앞에서 내가 세계적인 부흥강사가 되게 해 달라며 안수기도하셨다. 그 기억이 몇십 년이 지난 오늘까지도 새롭게 솟아난다. 이러한 내가 어느덧 부흥강사가 되어 복음을 전하고 있으니 분명 하나님의 섭리가 있었던 것 같다.

지난해 지방회에서 내게 '치하위원'을 맡겨 주셔서 처음으로 하게 되었다. 남들이 볼 때는 쉬운 것 같지만 결코 쉬운 일은 아니었다. 이것을 준비하느라 지방회가 어떻게 지나가는지 모를 정도였다. 나름대로 지혜를 모아 보고를 하였더니 모두 잘했다고 칭찬을 해 주셨다. 이것 또한 아버님이 생전에 도맡아 하셨던 일이다.

어느덧 한 세대는 가고 한 세대가 온 느낌이다. 벌써 내 뒤를 이어 두 아들이 이 길을 준비하고 있다. 장남은 내년에 안수 받고 선교사로 가게 되었으니, 흐르는 세월 누가 막을 것인가!

얼마 전 청량리 사창가를 변화시킨 청량리 노숙자의 대부 김도진 목사님의 간증집인 「낮은 곳에는 경쟁자가 없다」는 제목이 새롭게 와 닿는다. 내가 싫다고 하기 전에는 계속 치하위원을 맡길 것으로 여겨진다. 큰 경쟁자가 없기 때문이다. 비록 남들이 알아주지 않는 낮은 자리일지라도 아버님이 그토록 긍지를 가지고 사랑하시던 감리교회를 위해 한 알의 밀알로 봉사하고 싶다.

그리스도의 훌륭한 일꾼이 되려면

부흥사의 롱런 조건

나는 사도 바울을 좋아한다. 그가 세상을 떠나기 전에 고백한 내용에는 "전제와 같이 내가 벌써 부어지고 나의 떠날 시각이 가까웠도다 나는 선한 싸움을 싸우고 나의 달려갈 길을 마치고 믿음을 지켰으니 이제 후로는 나를 위하여 의의 면류관이 예비되었으므로…"라는 말씀이 있다.

아버님은 복음 전하는 것을 매우 좋아하셨다. 목이 쇠어 목소리가 잘 나오지 않을 때면 날계란을 드시면서 부흥회를 인도하시곤 했다. 낮 시간에는 직접 만드신 괘도를 걸어 놓으시고 재림론을 강의하시며 천국에 대한 소망을 심어 주셨다. 그런 아버님의 대를 이어 내가 목사가 되었고 영광의 릴레이 주자로 바통까지 받게 되었으니 감사할 따름이다.

매주 강단에 설 때마다 성도들에게 은혜를 끼칠 수만 있다면 이 강단에서 쓰러져 죽는다 해도 더 바랄 것이 없다는 게 나의 솔직한 고백이다. 또 한 가지 간절한 소원이 있다면 하나님 앞에 흠 없는 종으로 계속 귀하게 쓰임 받고 싶다는 것이다.

평소에 가깝게 지내는, 여수에서 목회하는 육 목사님과 어느 날 대화를 나누었다. 그 목사님은 피종진 목사님보다도 먼저 부흥 사역을 시작했다고 말했다. 그런데 오늘날 피종진 목사님은 크게 쓰임을 받는데 자신은 그렇지 못하다고 하면서 피 목사님께서 그렇게 된 데에는 다 이유가 있다고 하셨다. 첫째는 겸손이고, 둘째는 한 우물을 판 것이고, 셋째는 무릎을 꿇는 부흥사라고 하였다. 그 순간 이 말씀이 화살과 같이 내 가슴에 강하게 박히면서 나를 한 번 점검하게 되었다.

어느덧 나도 목회 중반을 넘어섰다. 하나님과 사람 앞에 교만하지 않고 부끄러움 없는 부흥 목사로 오래토록 사랑받기 위하여 노력해야겠다.

성직자라는 이유로 누린 보너스

어제 저녁 갑자기 고등학교 동창들이 생각났다. 오랫동안 연락 없이 지내다보니 어떤 친구의 전화번호는 잊어버렸고, 어떤 친구의 전화번호는 틀리다고 안내가 나오기도 했다. 그나마 안중백이라는 친구와 연결이 되어 다른 친구들의 소식까지 들을 수 있어 기쁜 밤이었다. 그 친구는 내가 바쁠 거 같아서 아예 연락도 안 했다고 하면서 내가 제일 좋은 길을 걷고 있는 것 같아 부럽다고 하였다. 나는 아버지의 뒤를 이어 목사가 되었고, 두 아들은 대를 이어 신학을 하고 있으니 사실 보람을 느끼며 살아가고는 있다.

아버지께서 목회하시던 시절을 회상해 보면 그 당시는 '목사'라고 하면 모두가 존경하는 모습이었다. 그러나 요즘은 그런 것 같지 않아 만감이 교차하기도 한다. 이렇게 된 데에는 나를 비롯한 많은 목회자들의 책임이 있다.

이즈음 여의도 성모병원에 입원한 성도가 있어서 새벽기도회를 마치고 병문안을 갔다. 그날따라 로만칼라를 하고 갔는데 병원 정문에 들어서려는 순간 주차 담당자가 인사를 정중하게 하고는 들어가라는 것이었다. 아마도 그는 나를 신부로 착각했던 모양인데 어쨌든 성직자를 대접해 주는 것 같아 기분은 좋았다. 천주교에서는 신부를 '아버지'로 모신다는 말을 들었는데 사소한 것이지만 지키는 것을 볼 때 희망이 있어 보여서 부러웠다. 그렇다면 우리 개신교인은 개혁을 부르짖고 나온 자들인데 그들보다는 더 해야 하지 않을까?

주님! 우리 기독교인들이 빛과 소금의 사명을 다하여 하나님께 영광을 돌리게 하옵소서.

신앙카드 신청하세요!

내가 부흥회에 인도할 때 자주 전하는 말씀이 빌레몬서이고 주제는 '회개한 그리스도인이 되자'이다. 그리스도인으로 살아가려면 용서하는 마음, 형제의 마음, 겸손한 마음을 가져야 한다고 강조하곤 하였다. 그 중에서도 형제라는 말은 피를 나눈 사람들에게 쓰는 말로, 그 어떤 말보다도 진하고 정겨운 말이다.

얼마 전 우리교회 남 권사님이 신한카드 발급하는 일을 하셨다. 나도 권사님을 돕는 마음으로 쓰던 카드를 해지하고 권사님께 신청을 하였다. 그러고는 주보에 이러한 내용을 실었다. 그런데 막상 주보를 보니 재밌게도 '신한카드'가 '신앙카드'라고 인쇄가 되어 있었다. 그런데 어쩐지 호감이 가는 말이었다. 과거 어느 교회의 주보에는 '목사'가 '독사'로 잘못 나온 적이 있었는데 '신앙카드'는 오히려 은혜가 되는 말이었다. 오늘날 우리가 믿고 찾는 곳이 은행이고, 현금이 없어도 신용카드만 있으면 마음 편하게 외출을 할 수가 있듯이 이 '신앙카드'라는 말은 우리의 신앙을 다시 한 번 돌아보게 하였다.

마태복음 6장 19~20절에 "너희를 위하여 보물을 땅에 쌓아 두지 말라 거기는 좀과 동록이 해하며 도둑이 구멍을 뚫고 도둑질하느니라 오직 너희를 위하여 보물을 하늘에 쌓아 두라 거기는 좀이나 동록이 해하지 못하며 도둑이 구멍을 뚫지도 못하고 도둑질도 못하느니라" 라고 하였다.

내가 존경하는 홍 목사님은 "사람이 50세가 되면 박사 졸업생이나 초등학교 졸업생이나 똑같아지며, 60세가 되면 미녀와 추녀의 차이가 없어지고, 70세가 되면 부자와 가난한 자가 같아지고, 80세가 되면 산 자와 죽은 자가 비슷해지는데 주님을 만났기에 내일 죽어도 여한이 없다"는 확신에 찬 말씀을 하셨는데 은혜가 된다.

주님, 제가 오직 하늘에 소망을 두며 이 세상을 사는 동안 주님이 인정해 주시는 확실한 신앙카드 한 장 가지고 살아가게 하옵소서.

그리스도의 훌륭한 일꾼이 되려면

31대 감리교 부흥단
대표단장으로서의 각오

아버님의 뜻을 따라 '감리교 부흥단'에 입단한 지 17년째를 맞이하였다. 그리고 오늘은 31대 대표단장으로 선출되는 날이기도 하다. 내 책상에는 서광교회를 개척한 다음 날인 1980년 1월 4일에 목회를 시작하기에 앞서 비장한 각오로 새긴 패가 놓여 있다. 그 패에는 신앙신조, 목회신조, 마음신조가 새겨져 있는데 지난 수십 년 동안 그 의미를 묵상하면서 각오를 새롭게 다지곤 하였다. 마음신조 중 첫째는 "오늘날까지 내가 범사에 양심을 따라 하나님을 섬겼노라"이고, 둘째는 "나의 달려갈 길과 주 예수께 받은 사명, 곧 하나님의 은혜의 복을 증거하는 일을 마치려 함에는 나의 생명을 조금도 귀한 것으로 여기지 아니하노라"이다.

나는 아버님께서 그토록 좋아하시고 사랑하시던 감리교회의 부흥단장으로서 우선 영성운동을 통한 새로운 부흥의 바람을 감리교회에 일으키고 싶다. 또한 요즘 우리 사회가 일자리 창출이 급선무인 것처럼 부흥사들이 복음을 전할 수 있는 일터를 많이 창출할 수 있도록 성령님의 도움을 청하는 기도를 하고 있다.

평소에 가까이 지내는 양명환 목사가 감리교기도원에서 일하던 시절에 역대 부흥강사들을 보면 각자 특징이 있었다고 하면서 들려주었다. 고(故) 이석주 목사님은 "하나님과 독대하는 시간을 많이 가져라", "목사는 목회보다 더 좋아하는 것이 있으면 안 된다"라는 말씀을 하셨단다. 고용봉 감독님은 "목회자가 될 것인가, 부흥사가 될 것인가 고민할 때 절대로 부흥사가 되지 말고 목회자가 되라" 하셨는데, 부흥사는 조직력과 행정력이 약하기 때문에 그 부분들을 개선하기 위해 성실해야 한다고 하셨다. 감리교 부흥단 초대회장을 지낸 구본흥 목사님은 "목사가 강단에서 말씀을 전할 때 눈물이 있어야 한다"며 "본인이 먼저 은혜 받은 말씀을 전해야 한다"고 하셨다고 한다. 장광영 감독회장은 "한번 결정을 한 후에는 절대로 양보하지 말고 목표를 향해 가라"고 하셨다고 한다.

부흥단 초기에는 20대 후반, 중년, 50대 후반 그룹으로 선이 분명히 그어져 있었는데 부흥사들에게 있는 영적 권위를 물려받고 싶은 마음에 엘리사가 엘리야의 영감을 구했던 것처럼 선배 목사님 가방이라도 들고 다닐 정도였다고 한다. 또한 대부흥사가 되기 위해서는 발전하는 분을 정해서 멘토로 삼고 목회와 영혼 구원과 복음 전파에 중점을 두어야 한다는 것이었다.

감리교 부흥사들에 대해 더 알기 위해 자료집을 찾아보았더니 그동안 부흥단을 이끌어 온 분들은 누구나 알 만한 거물들이었다. '한국 감리교회 부흥단'이 1972년에 창단된 이후 김선남 목사님이 초대회장으로 일하셨고, 그 후에 '감리교 부흥단'으로 재편되자 1978년에 구본홍 목사님이 초대회장으로 섬기셨고 오늘날까지 31대에 이르렀음을 알게 되었다. 한국 감리교회 3대 부흥사로는 첫째로 하디 선교사가 1903년에 원산에서부터 부흥의 불을 지폈으며 두 번째로는 토착적 성경체험과 주체적 애국, 애족 부흥사였던 현 순이라는 분이었다. 세 번째로는 이용도 목사님이 예수를 지극히 사랑한 부흥사로 활동하였던 것을 알 수 있었다.

바울이 자신은 만삭되어 낳지 못한 자와 같다 하였는데 이들의 뒤를 이어가기에는 나 자신이 너무도 부족함을 고백하게 된다. 그러나 "내게 능력 주시는 자 안에서 내가 모든 것을 할 수 있다" 하고 고백한 바울의 신앙고백이 위로로 다가온다. 주님! 땅만 허비하는 무익한 종이 아니라 한 시대 귀하게 쓰임 받는 종으로 감리교회를 위해 봉사하게 하시고 끝나는 날 역사 앞에 부끄러움 없이 서게 하옵소서.

포도원의 품꾼으로

진실한 성도, 칭찬하고 싶은 교회

"이 땅에 세워진 하나님의 교회마다
이름 없이 빛도 없이 감사함으로
하나님을 섬기는 일꾼들이 많아지게 하옵소서."

20년을 한결같이

예수님께서는 제자들의 발을 씻기실 때 "내가 너희에게 행한 것 같이 너희도 행하게 하려 하여 본을 보였노라."고 말씀하셨고, 요한복음 10장에서는 목자와 양의 비유를 소개하시면서 "자기 양을 다 내어 놓은 후에 앞서 가면 양들이 그의 음성을 아는 고로 따라오되"라고 말씀하셨다.

나의 아버님은 강경지방에서만 두 교회를 섬기셨다. 강경지방 화정교회에서 목회하시다가 아산지방 도고온천교회로 옮기시게 되었다. 그러다 어느 날 강경지방의 우곤교회 장로님들이 아버지를 찾아오셔서 잘 모시겠으니 우곤교회로 가시자고 하였다. 이 요청을 들은 아버님은 은퇴가 얼마 안 남아 고민하시던 중 '그렇지만 교회가 그토록 원한다면 가야지.' 하는 생각이 들어 승낙을 하셨다.

얼마 전 나는 강경지방 연합성회를 인도하기 위해 내려갔다. 여러 교회에서 식사를 대접해 주셨는데 우곤교회에서도 식사를 대접해 주셨다. 우곤교회 장로님들과 같이 식사를 하는데, 어느 장로님이 말씀하시기를 "아버님 되시는 전병권 목사님은 우곤교회에 계실 때 고생을 참 많이 하셨어요."라고 하셨다. 그 시절엔 파송 제도를 통해 목회지를 옮겨 다녔는데 아버님은 주로 농촌 교회를 다니며 목회하셨다. 새삼 아버지가 어느 정도 고생하셨는지 알게 되니 마음이 아팠다.

그 후 아버지 후임으로 오신 분이 호장길 목사님이시다. 안 그래도 한번 뵙고 싶었는데 연합부흥성회가 열리다 보니 자연스럽게 뵐 수 있었다. 역시 소문대로 인자한 인상이셨고 농촌 목회 하시는 분답게 푸근함이 배어 있었다. 호 목사님은 교회와 성도들의 잘못된 체질을 바꾸기 위해 20년 동안 새벽 기도회를 한 번도 빠지신 적이 없고, 예배 시간엔 1분도 늦은 적이 없다고 하셨다. 그 말씀에 난 은혜와 동시에 충격을 받았다.

나는 부흥 목사라는 타이틀로 많은 사랑과 대접을 받으며 동분서주 바쁜 생활을 하다 보니 정작 본 교회에 돌아와서는 피곤하여 새벽 기도회를 몇 번 거른 적이 있었다. 마치 어쩔 수 없었다는 듯 교인들이 이해해 주기를 바랐던 내 자신이 한없이 부끄러웠고, 다시금 나를 채찍질하는 계기가 되었다.

야곱이 외삼촌에게 속아 두 아내를 위해 14년, 그리고 재산 증식을 위해 7년, 합해서 21년을 일했는데 호 목사님을 뵙고 있으니 야곱의 충성심이 생각나면서 절로 고개가 숙여졌다. 아마도 하나님께서는 이런 목사님이 계셔야 그 교회를 처리할 수 있다고 생각하셨기에 귀한 종을 예비하신 모양이다.

"주여! 이 종도 겉의 화려함보다는 내 중심 속 깊이 하나님의 양들을 사랑하게 하옵소서. 이것이 내 평생의 소원입니다."

거품 없는 집회

거품이란 말은 일상생활에서 흔히 쓰이는 말인데, 비누 또는 샴푸에나 거품이 많아야 좋을까 그 외에 쓰이는 거품이란 주로 제거해 버려야 하는 뜻으로 쓰이는 거 같다. 거품이 있으면 제대로 된 실상을 파악하기 어렵기 때문이다. 우리는 음료수 따를 때 생긴 거품도 가라앉힌 후 먹는가 하면, 보글보글 끓는 찌개 위의 먹음직해 보이는 거품조차 아낌없이 숟가락으로 거둬 낸다.

지난 1월, 강릉에 있는 반석교회(담임 이석기 목사)에서 집회를 인도하였다. 이 목사님과는 신학교 동창이라 평소에 가까이 지내는 사이다. 교회를 얼마나 웅장하게 잘 지었던지 연회를 할 수 있을 정도의 크기였다. 하나님은 우리가 마음만 먹어도 응답해 주시는 좋으신 하나님임을 실감할 수 있었다.

나는 그동안 강원도 사람들은 다른 지역 사람들에 비해 비교적 조용한 편이라는 생각을 해 왔다. 그런데 결코 그런 것도 아님을 알게 되었다. 유독 여자 권사님 한 분이 말씀이 떨어질 때마다 아멘을 열심히 하는 것이었다. 강사에게 힘을 더해 주는 정말 귀하고 고마운 분이시다.

그리고 또 생각나는 분이 하연홍 권사님 가정이다. 이분은 우리 교회에 있던 이희숙 전도사와 얼굴이 매우 흡사하여 더 기억이 선명하다. 가족 구성원들을 볼 때 서로가 잘 만난 가정이다. 남편은 교육대학 다니던 시절에 만족감을 느끼지 못하여 한동안 방황하였는데 그때 하 권사님을 만나 안정을 찾고 오늘날까지 사명감 있는 교사로 어린 생명을 교육하신다고 한다. 앞으로의 소망은 교회 옆에 있는 초등학교에 교장으로 부임하여 아이들에게 복음을 전하는 것이라고 하니 정말 은혜가 된다.

영성과 지성을 겸비한 사모님은 목사님을 잘 보필하고 계셨다. 사모님은 기도하고 응답받은 후 이 목사님과의 결혼을 결정하였다고 하는데 더 이상 할 말이 없었다.

집회 끝나고 나서 좋은 결과가 있기를 바라는 것은 강사라면 누구나 마찬가지일 것이다. 결과를 들을 때까지는 은근히 초조함도 있다. 그런데 사모님이 대뜸 "이번 집회는 거품이 없는 집회였어요."라고 하는데, 긴장이 확 풀리는 듯하였다. 강사는 이럴 때 보람을 느낀다.

"주님! 나사렛에서 무슨 선한 일이 일어나겠느냐고 했지만 예수가 탄생함으로 유명해졌듯이, 반석교회가 이 목사님을 통하여 크게 부흥하게 하시고 주님께서 큰 영광 받으옵소서."

가 볼 만한 교회

나는 부흥회에 나가면 "누가 나를 알아주지 않는 게 문제가 아니고, 실력이 없는 게 문제"라는 말을 가끔 한다. 아는 목사님이 신문에 기고한 글을 읽어 보니 자신이 가장 신경 쓰는 분야가 '설교 준비와 그것을 위한 기도 생활'이라고 하였다. 다른 것은 대신이 가능하지만 그것만큼은 대신할 수 없기 때문이라고 하였다.

얼마 전 동창생인 고신일 목사가 목회하는 기둥교회에서 부흥집회를 인도하고 왔다. 사실 고신일 목사는 아버지 고용봉 감독님의 후광으로 큰 목회를 하는 것이라고 평상시 생각했었다. 그러나 집회를 다녀온 지금의 내 마음은 한없이 부럽고 이런 훌륭한 교회와 목사, 그리고 성도들을 자랑하고 싶어졌다.

고용봉 감독님의 현역 시절, 그분이 집회하실 때 참석한 적이 있었다. 후배들에게 해 주시고 싶은 말씀이 있냐고 여쭈었더니, 후회되는 것이 있다고 하시면서 후회 없이 살라고 당부하셨다. 감독님께서 후회하시는 것은 첫째 많이 못 배운 것, 둘째 한 교회에서 오래 있지 못한 것, 셋째 꿈을 크게 갖지 못한 것이라고 하셨다. 그만큼 성공하신 목사님도 흔치 않으련만 그렇게 말씀하시는 것을 들을 때 얼마나 큰 그릇인가를 느꼈고, '나도 후회 없는 삶을 살아야지!' 하고 재삼 다짐하는 계기가 되었다.

고 감독님은 은퇴하신 후에 교회 일에 전혀 개입하지 않으시고 축도조차도 하지 않으신다고 하니, 자신이 서야 할 자리와 서지 말아야 할 자리를 분명히 아시는 분이다.

고신일 목사는 나와 동창생으로 30년 전부터 가까이 지내는 사이다. 훌륭하신 감독님 밑에서 잘 배우고 큰 교회에서 목회를 하며 큰 목사님이 되었음을 느낄 수 있었다. 시간관념이 정확하고 부지런하고 성실하며 교인 한명 한명에 지극한 관심을 쏟는 목사. 부목사들의 단점을 뒤로 숨기지 않고 나단처럼 즉석에서 시정 명령하고 스스로 고칠 수 있도록 하는 모습을 보며 카리스마가 있음을 느꼈다. 부교역자 훈련을 호되게 시키는 반면, 그들의 비전을 위해 국내외에서 박사과정까지 공부할 수 있는 기회를 줄 뿐 아니라 해외에도 자주 내보내는 것을 보았다. 부교역자와 교인 전체의 훈련이 나무랄 데 없이 잘 되고 있음을 보았다.

부천이라는 지역이 그리 부유한 지역은 아니지만 성도들의 신앙

만큼은 서울 그 어느 지역보다 앞서가는 것을 느꼈다. 찬송을 인도하는 부교역자는 '해병대 박수'를 강조하였고, 강사를 마중 나온 부목사는 내가 차에 타기만 하면 "출발하겠습니다. 안전히 모시겠습니다." 라고 정중하게 말했는데 마치 황제가 된 느낌이 들었다.

금번에 깨달은 것은 교회와 성도는 은혜가 있어야 하며 신앙 훈련을 잘 받아야 한다는 것이다. 부흥회 시간 중 새벽과 낮, 그리고 저녁 집회에 모이는 인원에 별 차이가 없음이 특이하였다. 또한 분위기나 환경이 사람을 높여 준다는 것도 깨달았다. 꼭 한 번 가 볼 만한 교회로 추천하고 싶다.

"주님! 부족한 종을 높이 사용해 주시니 감사하오며 늘 겸손히 주님만을 높이는 종이 되게 하옵소서. 이것이 나의 평생소원입니다."

공평하신 하나님

얼마 전 부여에서 목회하는 후배의 초청으로 부흥집회를 인도하고 왔다. 플래카드에 '전도 부흥 대집회'라고 적혀 있었다. 후배 목사는 나에게 부탁하기를 새벽과 저녁은 일반 부흥회식으로 하고, 낮에는 전도에 관한 말씀을 전해 달라고 했다. 성도들은 낮 공부를 마치고 점심식사를 한 뒤 바로 전도 활동을 나가는 열심을 보여 주었다. 지금까지 여러 교회를 다녔지만 이번 집회에서의 감동은 여느 때와는 확연히 달랐다.

첫째는 담임목사님의 투철한 사명감이 남달랐다. 오십 중반이면 적지 않은 나이인데도 하나님의 백성들을 향한 지칠 줄 모르는 사랑과 교회 성장에 대한 불타는 집념은 매우 강렬하였다. 어느 목사님이 하신 말씀 중에 '농촌 목회는 곧 목회자 평생 정착'이라는 말이 있는데, 이 말은 가슴에 새기게 되는 말이다. 이 목사님은 한 교회에서 6년째 목회를 하고 계셨는데 농촌의 열악한 여건 속에서도 결코 실망하지 않고 열심히 목양하시는 모습이 감사하기만 하다. 날로 흥왕하기를 기도할 뿐이다. 하나님의 특별한 상이 있으리라 확신한다.

둘째는 사모님의 내조가 돋보였는데, 아마도 대한민국 사모님들 중에서 가장 으뜸일 거 같다. 남편의 어려운 목회를 묵묵히 참아 내며 자녀들을 훌륭히 키워 낸 분이었다. 또한 동네 어르신들과 어린 아이들에게도 친부모, 친자식처럼 대하고 있었다. 지금도 그 모습이 선하다. 집회 후에 식사를 하러 가게 되었다. 사모님도 함께 가시자고 했더니 이런저런 이유로 못 가겠다고 말씀하셨다. 나중에서야 농촌 교우의 형편을 감안하여 일부러 안 가셨다는 것을 알았다. 그것도 모르고 식사를 대접받고 온 것이 두고두고 죄송스러웠다. 흔히 목회에서 사모가 차지하는 비중이 크다고들 말하는데, 이 사모님의 경우 성도를 진심으로 생각하는 목양자의 모습이었다.

셋째는 자녀들이 아름답게 성장했다는 것이다. 자식은 여호와가 주신 선물이라고 하는데, 이 남매를 보고 있자니 송명희 시인이 노래한 '공평하신 하나님'이 저절로 떠올랐다.

첫째는 아들이었는데, 인물이 준수하였다. 아버지가 신학 공부하는 아들에게 "아버지가 농촌에서 고생하는 것을 보았으니 지금이라도 진로를 바꾸는 것이 어떠냐?"고 물었더니, "아버지, 늦으셨어요. 벌써 오래 전에 하나님께 서원을 했습니다."는 말과 함께 아버지가 졸업한 대학원에 진학하여 아버지의 뒤를 따르겠다는 말도 했다고 한다. 마치 이삭을 보는 거 같다.

둘째는 사회복지학을 전공하는 딸인데, 피아노를 잘 쳐서 아버지의 농촌 목회에 활력을 불어넣어 주고 있었다. 어려운 환경 속에서도 꾸밈없이 잘 자란 장성한 딸을 보고 있자니 목회자의 사모가 되면 좋겠다는 생각이 들었다. 재밌는 것은 이미 신학생과 결혼을 약속한 사이라고 한다.

힘든 목회 여정이지만 하나님께서는 이렇게 자녀들을 아름답게 성장시켜 주셨다. 아들은 목회자로, 딸은 사모로 허락하셨음을 생각하니 감탄을 안 할 수가 없다. 학비를 제때 못 내 졸업이 늦어졌는데도 한 마디 불평 없이 감사함으로 생활하는 자녀들을 향해 마음속으로 큰 박수를 보냈다.

권사님! 연회(年會)하고 오겠습니다

내가 속한 기독교대한감리회에는 5개 의회가 있는데 당회, 구역회, 지방회, 연회, 총회가 그것이다. 그 중 연회는 11개 지역으로 나뉘어져 있는데, 보통 서울의 300개 교회부터 지방의 1000개 미만의 교회를 묶어 감독을 세워 관리 감독하게 하고 있다.

얼마 전 중앙연회에 속한 한 지방에서 웨슬리 회심 연합성회를 인도하게 되었다. 실무를 담당한 총무 목사님과 대화하던 중에 그 교회 권사님과의 오해로 인해 자칫 목회 위기까지 갔었던 얘기를 듣게 되었다.

본인은 지방에 있는 도시에서 부목 생활을 하다 올라왔는데 사모는 가정 살림도 도울 겸 부업으로 꽃 가게를 경영하고 있다고 했다. 교인들이 이해해 주다 보니 아직은 정리를 못한 상태고 매주 사모가 오가는 실정이라고 했다.

그런데 언젠가 한번은 노인 권사님께 "연회하고 오겠습니다."라고 말했더니 약간 못마땅한 얼굴을 하면서도 "목사님이 혼자 있을 수 있겠냐?"고 하며 돈 만 원을 주면서 연회하시고 오라고 하였다는 것이다.

연중행사인 귀한 연회를 마치고 돌아와 보니 교인들이 술렁이면서 교회 분위기가 이상하더라는 것이었다. 노인 권사님이 돈까지 주시고는, 우리 목사님이 연애하러 가셨다고 소문을 내는 바람에 시골 교회가 한 번 홍역을 단단히 치렀다는 것이었다. 말의 오해가 불러오는 엄청난 결과를 바라보면서 새삼 다짐하게 되었다.

"주여! 하나님 앞에 점과 흠이 없고 부끄러움 없는 종의 삶을 살게 하옵소서."

그래도 아직까지는 괜찮아요

무더운 여름이 오면 어린이 성경학교, 수련회, 산상성회 등 더욱 바쁜 여름을 보내게 된다. 지난해에 나는 내가 속한 감리교회 산하에 있는 당진지방 30개 교회가 연합으로 모이는 집회에서 말씀을 전하게 되었다.

어린 시절에 '논산, 강경은 목회자 훈련소'라는 말을 들었다. 그런 가 하면 유독 목회자가 흠모하는 토양이 좋은 곳은 당진이라는 말도 들었다. 그래서인지 기대가 되었다.

서석근 감리사님에게 "당진 지방이 좋다는 소문을 들었는데, 서해 안이 개방되면서 많이 오염되었다지요?" 하고 물었더니 "그래도 아 직까지는 괜찮아요. 사람들 토양도 아직은 좋고······." 라고 하셨는데 뭔가 잔잔한 감동이 느껴지는 대답이었다.

몇 날 있는 동안 '그래도 아직은 듣던 대로 역시 좋구나!' 하는 생 각을 하였다. '내 자식이 처음 목회 나갈 때 이런 지방에서 한번 목회 하는 것도 좋겠다.' 하고 생각했다.

우리가 집회로 모였던 곳은 임시 사용하고 있는 가건물 기도원이 라 냉방 시설도 없고 모기도 매우 들끓었다. 그러나 30개 교회가 새벽,

낮, 저녁 예배에 열심히 모이니 은혜가 저절로 되었다. 군수, 국회의원, 이웃 지방의 대표들까지 참석하다 보니 그야말로 천국 잔치라는 말이 실감났다.

또한 드리기를 힘쓰는 모습이었다. 그동안 연합집회를 여러 번 인도하였지만, 당진지방 성도들의 시간마다 정성껏 헌금 드리는 모습은 순수하였기에 더욱 귀하게 여겨졌다. 은혜 받는 모습 또한 겸손한 모습이었다. 강사가 나단 선지자처럼 야단을 쳐도 어느 누구 하나 튀는 성도가 없어 보였다. '이 모습이 바로 충청도 사람들의 토양이라는 건가?' 하는 생각이 들었다. 어쨌든 하루아침에 형성된 것은 아닌 듯하였다.

또 동네마다 교회가 상징적으로 서 있는 모습이 아름다웠다. 당진교회는 읍 소재지에 있는데도 보기 드물게 교인이 3천 명이 넘었다. 계속 부흥하고 있는 중이었고, 주변의 교회들도 성장하고 있는 모습이었다.

30개 교회 중 미자립 교회가 두 곳이고 1억 이상의 예산을 갖고 있는 교회가 과반수가 넘는다고 하니 내가 목회하는 서울 못지않은 자랑스러운 모습이었다. 앞으로도 당진지방이 계속 성장하여 모든 교회의 모델이 되고, 주님 기뻐하시는 교회와 성도들로 성숙해 가기를 기대한다.

꽃보다 아름다운 성도

마냥 어리고 약해 보였던 내 작은아들이 전주에서 훈련을 받고 육
군 여산 부사관학교에 가게 되었다. 하나님의 은혜로 군종과에 근무
하게 되었는데, 그때부터 나는 하나님께 기도하기를 이왕이면 작은아
들이 있는 근처의 교회로 부흥집회를 갈 수 있게 해 달라고 하였다.
그리고 드디어 지난해에 아들이 있는 곳에서 2km 떨어진 익산 베다
니교회에 가서 집회를 인도하게 되었다.

베다니교회는 58년의 역사를 가진 전형적인 농촌 교회였으며, 감
리교회로는 전라도 지역에서 가장 먼저 세워진 교회라고 하였다. 일
곱 분의 장로님이 계셨는데 대체적으로 성도님들의 나이가 지긋해 보
였다. 반면 목사님과 사모님은 자식 같아 보일 정도로 젊었는데, 연로
하신 성도들을 부모님처럼 섬기며 목회하는 모습이 좋아 보였다.

며칠 머무는 동안 가장 먼저 눈에 띈 것은, 교회에 들어서자마자
있는 '2007년 각자가 맡아서 봉사할 일들'이 적혀 있는 종이였다. 특
이할 만한 것은 그 내용 가운데 이 교회 정윤기 권사님이 맡은, '성전
안에 있는 거미줄을 제거하는 일'이 있는 것이었다. 도시 교회에서는
생각지도 못할 일이다. 나는 그 권사님이 어떤 분인지 궁금하였다. 그

래서 일부러 저녁 시간에 그 권사님을 일어나시라고 하여 선물을 드리며 격려해 드렸다. 사람은 누구나 폼 나는 일을 좋아하고 눈에 보이는 일에 관심을 갖게 마련인데, 이름 없이 빛도 없이 주어진 사명을 감당하는 그분의 모습이 꽃보다 아름다워 보였다.

집회를 다 마치고 나오는데 웬 젊은 남자 성도가 제과점에서 일한다고 하면서 제과를 들고 와서는 은혜 많이 받았다는 말을 건네며 담임목사님께 내놓았다. 나중에 알고 보니 거미줄 제거하는 권사님의 아들이었다. 아마도 자신의 아버지에게 관심을 가져준 것이 고마웠던 모양이다.

"주님! 베다니교회 정윤기 권사님에게 더욱 큰 은혜를 베풀어 주시고, 이 땅에 세워진 하나님의 교회마다 이름 없이 빛도 없이 감사함으로 하나님을 섬기는 일꾼들이 많아지게 하옵소서."

농촌에 숨겨진 보화

주님께서는 천국에 대한 비유를 말씀하실 때 밭에 감춰진 보화와 같다고 하셨는데, 나는 예산 창정교회에 집회하러 가서 보화를 만났다. 주를 위해 이름도 없이 빛도 없이 농촌 교회에서 애쓰고 계시는 모습을 볼 때 '저런 모습이야말로 예수님이 말씀하시는 보화의 모습이구나!' 하고 생각했다.

박한웅 목사님은 서울에서 공무원 생활을 하시다가 하나님의 부름을 받고 뒤늦게 목회의 길에 들어섰다고 한다. 집회 기간에 차량 운행은 사모님이 도맡아 해 주셨는데 첫인상도 좋으셨을 뿐더러 돕는 배필의 역할을 충분히 감당하시는 모습이었다.

목사님은 일 년에 두 차례씩 봄, 가을 심방 때 기도원에 가서 기도하고 말씀을 받아온다고 하셨는데, 이 말씀을 들을 때 부끄러웠다. 그리고 교회 요람을 많은 돈을 들이지 않고도 알차게 만들어서 계획 있는 목회를 하고 계셨다. 틈틈이 지방 연합 부흥회, 감리교 전국 교역자 산상성회, 정회원 연수교육까지 챙기셨고, 일 년에 한 차례씩은 부흥성회를 개최하고 간증집회도 연다고 하셨다. 8월에는 전교인 1일 해변수련회를 갖고, 10월에는 노인의 날 행사로 경로잔치를 베푼다고 하셨다.

무엇보다도 내 가슴을 뜨겁게 한 것은, 강단에 엎드려 기도하고 눈을 떴을 때 보았던 목사님의 모습이었다. 예수님이 제자들과 기도하러 변화산에 올라가시는 그림이 있었는데 그 그림 밑에는 "시험에 들지 않게 깨어 있어 기도하라. 마음에는 원이로되 육신이 약하도다 하시고"(막 14:38)라는 말씀이 적혀 있었다. 목사님은 그 말씀을 바라보며 기도를 하셨는데 그 진실한 모습에 많은 은혜를 받았다.

또한 '설교하기 전 나의 기도' 라는 글을 통하여서도 은혜를 받았다.

1. 하나님 아버지여, 오늘도 이 부족한 종을 불쌍히 여겨 주시고, 하나님의 전능하신 능력을 입혀 주옵소서.

2. 이 시간도 어린 양 되신 예수 그리스도의 보혈의 능력으로 마귀 권세를 물리치고 승리하게 하옵소서.

3. 지금까지 함께 하여 주신 성령님께서 오늘도 이 시간 생기의 바람으로 역사하여 주셔서 모든 사람들에게 새 생명을 주옵소서.

4. 이 시간 말씀 들고 섰사오니 부족한 종의 입술에 불같은 말씀을 담아 주시고 능력의 두루마기를 입혀 주옵소서.

5. 이 시간도 우리의 구주가 되시는 예수 그리스도의 이름으로 승리하게 될 줄로 믿고 예수님의 이름으로 기도하옵나이다. 아멘.

주님은 선한 목자와 삯꾼 목자가 있다고 하셨는데, 선한 목자는 양들을 위해 생명을 버리고 앞서가면서 양의 음성을 놓치지 않고 좋은 길로 인도한다고 하셨다. 창정교회 박 목사님과 사모님에게 더욱 은혜를 주시고 선을 행하다 낙심치 말게 하시며 큰 상급으로 갚아 주시기를 주님께 기도드린다.

대~단해!

포도원의 품꾼으로

10년 전쯤 한길기도원(김화남 원장)에 가서 집회를 인도한 적이 있다. 당시 기도원 원장님은 원주에 있는 태장교회 권사님이셨는데, 은사를 받고 귀한 사역을 시작하신 분이다. 박상혁 감독님이 담임이셨는데 이 기도원을 적극 후원해 주셨다고 한다. 집회는 주로 원주에 사는 은혜를 뜨겁게 사모하는 성도들이 모여 열려졌다.

당시 기도원 안에는 한길교회라는 개척 교회가 있었다. 원장님의 아드님이 신학을 막 졸업하고 사역하고 있었는데 신혼부부였다. 내 후배이기도 하다 보니 더욱 가깝게 느껴졌고, 그 후에 집회 때마다 강사를 소개해 주곤 하였다. 그 후 원주에 나와 개척을 했고 얼마 뒤 신축하였다는 소식을 듣고 지나는 길에 들른 적도 있다.

늘 관심 속에 지내오던 중, 그 교회에 다시 집회를 인도하러 가게 되었다. 내년이 교회 창립 10주년인데 그 기념으로 아프리카 케냐에 교회와 학교를 봉헌하고 싶다고 하였다. 그러면서 이번 성회는 선교에 동기를 불러일으키는 그런 성회가 되었으면 좋겠다고 했다.

그 집회 일정을 잡는 과정 속에 착오가 생겨 약속된 날보다 일주일 먼저 원주에 갔다가 되돌아온 일이 있기도 하다. 그때는 어이가 없었는데, 뒤늦게 깨달은 것은 그것 또한 감사한 일이었다는 것이다. 그 주간에 우리 교회와 붙어 있는 목재상에서 화재가 발생했는데 '내가 교회에 있었다는 것이 얼마나 다행이었나!' 하고 생각했다. 이것이 산 교육이 되어, 목회자가 집회에 갈 때에는 미리미리 철저히 준비하고 점검해야 한다고 강의를 통하여 수없이 강조하였다.

다시 일주일이 지나 집회를 인도하게 되었다. 대개는 주일날 밤부터 집회를 하는데 제물포교회에 가기로 선약되어 있었기에, 내 평생 처음으로 월요일 새벽부터 집회를 인도하게 되었다. 나도 나지만 한길교회 목사님과 교인들은 더 대단해 보였다. 담임이신 이영웅 목사님은 중소 도시, 더구나 고향인데도 젊음을 다 바쳐 사모님과 함께 열심히 목회 사역에 임하고 계셨다. 지난날 한 교회를 섬기셨던 박철영 장로님 내외분 또한 이 목사님을 도와 꿈과 비전을 가지고 주님 기뻐하시는 일을 감당하려고 함께 노력하고 있었다.

아직 교회에 부채가 남아 있고 담임목사의 승용차는 폐차 직전에 있는데도 뜻있는 일을 먼저 이루기 위해 열심히 힘쓰는 모습을 보면서 많은 은혜를 받았다. 주막집 같은 교회, 대장간 같은 교회, 잔칫집 같은 교회를 꿈꾸며 사회 복지 쪽에도 많은 신경을 쓰고 있었다. 목사님 자신이 새로 나온 서적을 먼저 읽고 게시판에 소개함으로써 성도들에게 다양한 양식을 공급해 주려고 하는 모습이 아름다웠다.

집회 마지막 날 저녁, 목사님이 성도들에게 하신 말씀이 생각난다. 이번 집회를 위해 교인들에게 700~800건 정도의 문자를 보냈는데 한 번도 참석을 하지 않은 분이 있다고 하면서 주일날 교회에 나오면 "대~단해."라고 말하라는 것이었다. 그리고 앞으로는 일 년에 한 번 하던 집회를 두 번씩 할 생각이라고 하였다. 교인들의 비위나 맞추는 소극적 목회가 아닌 교회 성장을 비롯하여 하나님이 기뻐하시는 적극적인 목회를 위해 헌신하는 이 목사님을 볼 때 뭔가 탁 트이는 것 같은 시원함을 느꼈다.

"주여! 원주에 세워진 한길교회가 하나님의 뜻을 이 땅에 건설해 나가는 전초기지가 되게 하옵소서." 오늘도 축복의 기도를 드린다.

신망애(信望愛)가 있는 교회

「속회 활성화를 위한 7 키워드」라는 책을 출판하고, 교회와 지방 단위로 속회 지도자 교육, 임원 교육, 부흥회 등으로 바쁘게 다니고 있을 때였다. 이 무렵 평소 존경하던 김영헌 목사님이 시무하시는 은평교회의 특별전도 훈련에 초대되어 3월 19일(수)부터 21일(금)까지 말씀을 전하였고, 더불어 보고 듣고 깨닫는 시간을 갖게 되었다.

김 목사님이 오시기 전에는 한양희 목사님이 담임으로 계셨다. 이분은 온유하시고 인품이 아주 점잖으셨는데, 해같이 빛나던 얼굴이 기억에 남아 있다. 한 목사님의 후임으로 김 목사님이 오신 후 교회가 부흥되고 생동감 넘치는 모습으로 바뀌고 있다는 얘기는 가끔 오는 회보를 통해 알고 있었고, 그래서 더더욱 부럽게 느끼고 있었던 터였다.

이런 귀한 제단에 부족한 종을 세우셔서 말씀 전하게 하시고 배우게 하신 하나님께 감사하며, 이 교회에서 느낀 몇 가지를 소개하고자 한다.

1. 담임목사님의 복음적인 면이 뜨겁다는 것이다.

처음 나에게 부탁하실 때는 낮 삼일은 전도 훈련을, 새벽 이틀은 집회를 인도해 달라고 하셨다. 그럼에도 불구하고 예배가 시작되기 전 담임목사님께 상의 드리기를 속회에 관한 내용으로 하루, 속회와 연관된 선교 전략에 대한 내용으로 하루, 그리고 남은 하루 동안 마음 뜨거워지도록 말씀을 전하면 어떻겠냐고 하였다. 그러자 "전 목사님, 누가 몰라서 전도 못하는 것 아니니 자유롭게 우리 모두의 마음에 전도하고 싶은 불이 붙도록 소신껏 말씀 전하세요."라고 하셨다. 대개 지적인 목사일수록, 그리고 세미나 강사로 많이 다니는 분일수록 집회에 대한 부정적인 생각을 하는 경우를 여러 번 본 적이 있는 나로서는, 김 목사님의 대답은 감동받기에 충분했다.

2. 목회를 돕는 아론과 훌이 훌륭해 보였다.

아론은 사모님이라고 하면 좋겠다. 사모님은 나원용 감독님의 막내 동생인데, 항상 밝은 미소로 목회를 훌륭하게 내조하고 계셨다. 또한 훌이라 할 수 있는 부목사님들과 전도사님들도 철저하게 자기 사명을 감당하고 있었다. 이 행사 또한 철저한 준비 속에서 이루어지고 있음을 느낄 수 있었다.

3. 33 대 1이 일치된 교회였다.

삼일운동 때 독립 선언에 참가했던 사람들의 숫자는 교파를 초월하여 33명이었다. 우연히도 이 교회에는 33명의 장로님들이 계시다. 목사님은 어느 때 회의를 해도 얼굴 하나 붉히거나 목소리 하나 높이는 일이 없다고 하시면서 장로님들을 칭찬하셨다. 그렇지만 난 이 모든 것이 상대적이 아니겠는가 하는 생각을 했다.

현재 이 교회는 주택가에 있다 보니 교회를 찾는 것이 어렵고 성장에도 한계가 있어 은평역 건너편으로 땅을 사서 교회를 다시 지을 준비를 하고 있다고 한다. 기도하시는 장로님마다 다 함께 참여하여 성전 건축이 은혜 가운데 진행되게 해 달라고 기도하셨다. '윗물이 맑아야 아랫물이 맑다' 는 속담이 딱 맞는 거 같았다.

4. 형식의 틀을 벗어나는 교회였다.

이 교회의 주보를 보면 주일 낮 예배 순서만 있었는데 아주 단조로웠다. 수요 예배 순서는 아예 주보에 있지도 않았다. 수요일 저녁 예배는 교우들이 대부분 집이 먼 데다 또 퇴근 시간에 남편들을 맞이해야 하므로 아무래도 출석률이 저조할 수밖에 없어서 수요일 낮으로 시간을 옮겼더니 배로 증가하였다고 한다.

이런 아름다운 광경을 지켜보면서 나도 이렇게 살맛나는 목회를 하고 싶다는 꿈을 꾸며 돌아왔다. 이런 복된 교회가 감리교회에 있음을 감사하면서, 앞으로 더욱 크고 아름답게 성장하기를 기도한다.

뿌리에서 열매 따는 교회

"청결한 양심으로 조상 적부터 섬겨 오는 하나님께 감사하고 네 눈물을 생각하여 너 보기를 원함은 내 기쁨이 가득하게 하려 함이니 이는 네 속에 거짓이 없는 믿음이 있음을 생각함이라. 이 믿음은 먼저 네 외조모 로이스와 네 어머니 유니게 속에 있더니 네 속에도 있는 줄을 확신하노라."(딤후 1:3~5)

위의 글은 바울이 디모데에게 보낸 편지의 일부분이다. 이 글에서 알 수 있듯이 바울은 뿌리 있는 디모데를 몹시 부러워했음을 엿볼 수 있다. 나 또한 부러운 교회가 있다.

얼마 전 경희대학교 입구에 있는 룻교회에서 임원 교육을 인도하였다. 어려운 문제를 겪고 있는 교회를 보면 감리사로서 마땅히 해결해 주고 싶지만 현실의 벽은 너무 높아 역부족일 때가 간혹 있다. 그런데 이 교회를 본 느낌은 '이 정도의 교회라면 목회할 맛이 나겠구나!' 하는 것이다. 내가 보고 느낀 바를 숨김없이 나눔으로써 모든 교회들에게 도전이 되었으면 한다.

첫째, 이 교회에는 남다른 교육이 있었다. 새해에 임명받은 임원들은 한 달 동안 주일마다 장시간에 걸쳐 교육을 받았는데 그 모습이 특이하였다. 평상시 흘린 땀 한 방울은 전시 때 피 한 방울과 바꾼다는 말이 있다. 예수님이 이 땅에 오셔서 하신 교육, 전도, 봉사를 모두 실천하고 있는 교회였다. 임원들 교육은 주일 오후 4시에 모여 한 강의를 듣고 간단한 저녁 식사 후 저녁 집회로 이어졌는데, 빠진 임원들이 거의 없을 정도로 성전을 가득 메웠다.

둘째, 일치된 순종과 헌신이 있는 교회였다. 교회 입구부터 봉사자들로 가득 차 있었는데 차량 안내, 접수, 식당 봉사 등 모두 바쁘게 일하는 모습에서 그리스도의 좋은 군사들임을 느낄 수 있었다. 틈틈이 담임목사 방을 노크하는 부목사와 그 외의 모든 분들의 순종하는 모습을 보며 소망이 있음을 느꼈다.

셋째, 쓴 소리도 달게 받는 교회였다. 어느 부흥강사는 설교를 하다가 우리에게는 부모가 셋 있는데 영적인 부모는 하나님이고, 믿음의 부모는 목사님이며, 육신의 부모는 나를 낳아주신 분이라고 했다가 집회 도중 쫓겨났다고 하는데 이 교회는 목사님이 강단에서 책망을 하는데도 다 받아들이고 있었다. 심지어 사모님까지도 목사님 말씀에 지나치리만치 순종하는 모습에 놀라웠다.

넷째, 베푸는 교회였다. 주보만 봐도 한눈에 '주는 교회'임을 알 수 있었다. 베트남 선교, 유니온신학대학 박사원 운영, 배상길 목사님 후원회 등 주님이 기뻐하시는 일을 많이 하고 있었다. 이런 교회가 이 땅에 많이 세워질 때 그리스도의 빛이 나타날 것이라고 생각하였다.

"주여! 저에게도 영권을 더욱 허락하여 주시고, 모든 교회로 하여금 주님이 다스리는 교회다운 교회가 되게 하옵소서."

사모는 골키퍼

스포츠 경기 중 축구, 핸드볼, 하키 같은 경기를 관람하다 보면 수문장인 골키퍼의 역할이 얼마나 큰가를 느끼게 된다. 우리 모두는 2002년 월드컵 축구 4강의 길목에서 스페인과 무승부를 기록한 후 승부차기 했던 장면을 다들 기억할 것이다. 이운재 골키퍼의 선방은 우리나라를 4강에 오르게 했고, 온 국민을 흥분시켰다. 그 장면은 감동 그 자체였다.

얼마 전 인천 성덕교회에서 부흥집회를 인도하였다. 담임이신 최목사님은 성자 목사님이셨다. '이렇게 착하신 분이 목회를 하면 힘들 때가 많았을 텐데…….' 하는 생각이 들 정도였다. 며칠 있는 동안 보고 느낀 것은, 목사님도 좋으시지만 사모님의 내조가 매우 돋보인다는 것이었다. '이런 사모님을 만났기에 목사님의 목회가 순탄하구나!' 하는 생각을 했다.

어느 날 사모님은 "강사님! 목사가 뛰는 선수라면 사모는 골키퍼 잖아요."라고 하셨다. 요즘 진통 겪는 교회들을 보면 사모가 목사를 보호해 주지 못하는 데서 시험이 온다. 이 땅에는 안타깝게도 하나님이 세우신 귀한 종들이 중도에 하차하는 일이 많다. 대저 마귀는 우는 사자처럼 두루 다니며 택한 자라도 넘어뜨리기 위해 지금도 역사하고 있지 않은가! 요즘 음녀까지 교회에 침투하여 목회자를 넘어뜨리는 사례가 종종 발생하는 것은 우리에게 경종을 울려주고 있는 것이다.

섰다고 생각하는 자는 넘어질까 조심하라는 주님 말씀을 겸손히 받아서 조심하는 것만이 가장 현명한 방법이라고 생각한다. 또한 모든 경기에 수문장인 골키퍼가 있듯, 연약하고 연한 줄기 같은 목회자들을 돌보고 도와 끝까지 사명 잘 감당하게 하는 것이 사모들의 몫이라 생각한다. 그날 이후 내 마음 속에서는 '사모는 골키퍼'라는 말이 지워지질 않는다. 매우 귀한 명언이라 생각한다.

진실한 성도

포
도
원
의
품
꾼
으
로

지금은 여행이 자유로워졌지만 10여 년 전만 해도 해외 나가기가
퍽 어려웠다. 내가 처음 가 본 곳은 첫 선교지 방문차 갔던 필리핀이
다. 그 이후 이런저런 연유로 목회학 박사를 필리핀에 소재한 유니온
신학대학교에서 받게 되었고, 필리핀 연합집회 중에 '사마리아선교
회'가 탄생되기도 했다. 현재 회장으로 있기도 하다.

필리핀에 가서 현지 사람들을 대했을 때 분명 착하고 좋은 거 같
았지만 장담하기는 힘들었다. 어느 나라나 다 사람 나름이겠지만, 내
가 이렇게 생각하게 된 나름의 이유가 있다. '가난은 임금도 못 말린
다'는 말이 있는데, 필리핀의 어느 교수가 논문을 심사하러 한국에 왔
다가 필리핀으로 돌아간 뒤 한국 학생에게 도와 달라는 전화를 해서
학생의 맘이 불편했다는 얘기를 들었기 때문이다. 그리고 얼마 전에
는 딸락시에 있는 공원에서 연합집회를 마치고 안수 기도를 해 주었

는데 아무리 기도를 해도 인원이 줄지 않는 것이었다. 아무래도 이상하여 눈여겨보았더니 기도 받은 사람이 다시 뒤에 가서 서는 바람에 해도 해도 끝이 안 났던 것이었다. 기도를 사모해서 그러는 거라면 좋은데 그런 것 같지는 않았다.

얼마 전, 서울 중랑구에 있는 평강교회(담임 윤강모 목사)에서 집회를 인도하였다. 집회 시간 중간에 이국적으로 생긴 성도가 감사 예물을 바쳤는데 마르테스 집사라고 적혀 있었다. 이 집사님은 필리핀 사람인데 이 교회 교인과 결혼하여 잘 살고 있다고 했다. 직업이 영어 교사인지라 퇴근하고 오느라 늦게 왔다는 것이었다. 얼마나 똑똑한지 모든 설교를 다 알아듣고 책임감도 강하고 진실하다는 평이었다. 그 교회 교인들은 마르테스 집사님 때문에 필리핀 사람들은 다 좋은 줄 안다고 했다.

순간 아담 한 사람의 범죄로 모든 사람에게 죄가 들어왔는가 하면, 예수 그리스도 한 분으로 구원이 모든 사람에게 임하였다는 말씀이 스치면서 은혜로 다가왔다.

집회를 마치고 목사님 사무실에 있는데 마르테스 집사님이 무거운 음료수 두 박스를 들고 허겁지겁 올라왔다. 그리고는 하나는 강사님의 것, 하나는 목사님의 것이라고 하면서 놓고 가는데, 옛날 예수님 당시 열 문둥이 사건이 연상되었다.

"소돔과 고모라 성에서 의인 열 사람을 찾으신 주님, 마르테스 집사님처럼 진실한 성도들을 많이 보여 주셔서 필리핀을 빛내고 또한 필리핀을 복음화시키게 하옵소서."

청년 사찰

얼마 전 아산시 인주면에 있는 금성순복음교회(담임 김경종 목사)에서 부흥집회를 인도하였다. 무엇보다 감사한 것은 그 교회는 아버님이 목회하셨던 대흥교회와 비교적 가까운 곳에 위치하고 있어서 고향에 온 듯 기분이 들뜨면서 설다.

집회 첫 날 대흥교회에서 장로님 내외분이 참석을 하셨다. 집회 끝나고 아주 반갑게 인사를 나누며 어떻게 알고 오셨냐고 여쭈었더니, 플래카드를 보고 알았다고 하셨다. 모든 것을 아시는 하나님께서 항상 합력하여 선을 이루게 하심에 늘 감사한 마음을 갖는다.

김 목사님은 사이사이 이 교회의 실정에 대해서 말씀해 주셨는데, 농촌 교회는 어느 교회를 막론하고 일꾼이 귀하다고 하셨다. 예배 시간 전에는 항상 차량 운행을 한다고 하시며 운행 나간 박종대 청년에 대하여 칭찬을 하셨다. 이 청년은 공고를 졸업했는데 기술이 좋아서 손만 대면 모든 것을 다 고친다고 했다. 교회의 모든 일은 이 청년이 다 알아서 한다고 하면서 청년 사찰이라고 말씀하셨다. 그 말씀이 생소하게 들렸다. 사찰 집사라는 말은 많이 들어봤지만 청년 사찰이라는 말은 처음 들었기 때문이다. 젊은 청년이 이렇게 열심히 교회 일을 하니 인기도 좋았다. 강사 식사를 담당한 분들도 식사 시간이 되면 언제나 이 청년을 챙겼다. 그런데 아쉽게도 이 청년은 곧 군엘 가야 해서 군대 생활하는 2년간의 공백을 누가 메워 줄지 목사님은 걱정을 하셨다.

요즘은 교회 2층에서 주로 자며 생활하는데 며칠 전 대전에 사는 친구가 와서 잠깐 같이 지내고는 불도 안 들어오는 추운 곳에서 어떻게 자느냐고 했다고 한다. 이 청년은 1남 4녀 중 장남인데, 그 중 어머님과 두 여동생이 교회에 나오고 여동생들은 교회에서 각각 키보드와 드럼을 치고 있다고 했다. 아직 어린 학생들이었지만 교회에서 큰 역할을 감당하고 있었다. 특히 일꾼이 귀한 시골 교회에서는 꼭 필요한 남매들이다. 나는 그에게 제대 후 신학을 공부하여 목사가 될 것을 권했는데, "하나님이 하라고 하시면 해야지요." 하고 대답을 했다.

'청년 사찰'이라는 말은 듣기만 해도 가슴이 벅찬 말이다. 젊음의 패기가 느껴진다. 그 옛날 다윗이 말한 주의 궁전에서 한 날이 다른 곳에서의 천 날보다 낫다는 말을 이 청년은 일찍이 터득한 모양이다.

"주님! 청년 사찰인 박종대 군과 그의 동생들에게 큰 은혜를 베풀어 주시고 그들을 통하여 많은 영광 받으옵소서."

하늘나라 기쁨조

가끔 텔레비전에 김정일 국방위원장이 나올 때 보면 많은 여성들이 검정치마에 흰 저고리를 입고 열렬히 박수치는 모습을 볼 수 있다. 난 혼잣말로 "아~, 김정일의 기쁨조구나!" 하며 고개를 끄덕인다.

얼마 전 서산시에 있는 충서교회(담임 조대해 목사)에서 집회를 인도하였다. 늘 느끼는 거지만, 시골은 많이 노쇠해져서 좀처럼 젊은이들을 찾기가 어렵다. 그러나 이 교회는 예외였다. 그런대로 젊은이들이 눈에 띄었다. 특별히 기억에 남는 것은 여선교회 회원 4명이 앞에 나와 찬양을 인도하였는데 집회에 많은 힘이 되었다. 목회에도 많은 도움이 될 것으로 확신한다.

담임목사님이 강단에 서면 그들은 곧바로 들어가 앉았다. 때로는 조 목사님이 들어가지 말고 서 있으라고 했고, 바로 들어간 사람은 다시 나오라고도 했는데 그럴 때마다 겸손한 모습으로 목사님의 말씀을 잘 따르는 것이었다. 내 눈에는 이 순진한 모습이 매우 아름답게 보였다.

예수님을 깊이 생각하는 사순절이다. 예수님께서 십자가에 못 박혀 죽으셨을 때 막달라 마리아와 야고보의 어머니 마리아 그리고 살로메가 예수님의 몸에 바르기 위해 향품을 사 두었다가 안식 후 첫날 해 돋을 무렵 무덤으로 가면서 "누가 우리를 위하여 무덤 문에서 돌을 굴려 주리요." 하고 말한 것을 보면, 이들은 틀림없이 예수님의 기쁨조다.

"주님! 오늘도 대한민국의 강단마다 기쁨조를 세우셔서 모든 교회가 크게 성장하도록 인도하옵소서. 모든 교회의 성장은 저의 간절한 소원입니다."

진실한 성도, 칭찬하고 싶은 교회

칭찬하고 싶은 교회

얼마 전 선배 목사님으로부터 집회 초청을 받았다. 평소 선배님의 인상이 강직하게 느껴졌고 교회도 그 지방에서 큰 교회로 알려져 있다 보니 초대받은 일이 영광스러웠지만 은근히 걱정도 되었다.

그 교회는 강원도 양양에 있는 양양교회로, 김한구 목사님이 섬기고 계시다. 강원도에서는 가장 오래된 감리교회 중의 하나고 역사가 100년이 넘는다고 한다. 그 곳에서 느낀 잔잔한 감동을 함께 나누고 싶다.

첫째는 섬기는 교회의 모습이다.

숙소에서 교회까지의 거리가 조금 되다 보니 새벽마다 남자 집사님이 차로 인도해 주었는데, 신기한 것은 새벽인데도 언제나 차 안이 따뜻했다. 그 집사님은 강사가 추위로 인해 설교하는 데 지장 받을까 봐 일찌감치 일어나 차를 데운 후 나를 태우러 온 것이었다. 이처럼 철저히 성도들을 훈련시킨 결과, 목회자의 말에 모두가 '아멘' 일 뿐 '노멘' 이 전혀 없는 일사불란한 십자가 군병의 교회였다.

둘째는 선을 행하는 교회다.

이 교회에는 공무원 생활을 하다가 전통 한식당을 경영하는 성도

내외가 있었다. 그 식당에 초대받아 식사를 했는데, 남편 되는 성도의 말이 오래도록 기억에 남는다. 그는 공무원 생활을 하느라 좋은 일을 많이 못했다고 하면서, 새 사업을 시작한 이래 매일 만 원씩을 떼어 한 달 동안 25만 원을 모으는데 이 돈을 좋은 일에 사용해 달라고 하면서 담임목사에게 드린다고 한다. 그 누구보다도 좋은 일에 써 줄 거라는 믿음이 있기에 목사님께 드린다고 했다. 믿은 지 얼마 되지 않은 성도가 그렇게 하는 것을 보면서, 먼저 된 자가 나중 되고 나중 된 자가 먼저 된다는 진리를 다시 한 번 확인하게 되었다.

셋째는 겸손한 교회였다.

집회 끝나는 날 원로장로님이 강사실에 찾아오셨다. 원로장로님은 그 지역 초등학교 교장 선생님을 하시다가 정년 은퇴를 하신 분이었다. 교우들 중 대부분의 사람들이 이분의 제자였다. 장로님은 "강사님이 오해하실까 봐 찾아왔습니다. 오늘 낮에 우리 장로들이 목사님을 대접하는 자리에 있었어야 했는데 목사님들이 불편해 하실까 봐 참석을 하지 않았습니다."라고 하셨다. 세심한 곳까지 마음 쓰면서 최선을 다하는 장로님들의 모습에 절로 고개가 숙여졌다.

넷째는 드리기를 힘쓰는 교회였다.

시골에 있는 교회지만, 300명이 넘는 큰 교회였다. 헌금에 대하여 강조하지 않는데도 매시간 최선을 다해 헌금을 드리는 귀한 모습에 감사하였다.

다섯째는 모범을 보이는 교회였다.

저녁 집회는 물론 새벽 기도회까지 매 집회 때마다 특송이 이어졌다. 특히 각 기관들의 특별 찬양은 매우 감동적이었다.

많은 집회를 다니지만 오래 기억에 남는 교회는 많지 않다. 그럼에도 양양교회는 내 뇌리 속에 오래 남는 교회다. 양양교회를 통하여 참다운 목회 방법을 배울 수 있었기에 소중한 기억으로 남아 있다.

중소 도시 교회들이 점점 더 어려움에 처하고 있다. 그것은 성도들이 대도시로 떠나기 때문이다. 그래서 많은 교회들이 염려를 하지만, 양양교회를 보면서 느끼는 것은 목회자의 능력과 지도력에 따라 염려가 변하여 기쁨이 된다는 사실이다. 한국 교회가 양양교회처럼 정말 좋은 교회, 기쁨을 생산하는 교회가 모두 되었으면 한다.

포도원의 품꾼으로

지역 교회의
사랑을 받는 수도산기도원

지난해 친구 목사가 시무하는 부여의 마정성결교회(담임 김달영 목사)에서 부흥집회를 한 것을 계기로, 인근에 위치한 수도산기도원에서 집회를 하게 되었다. 이 기도원은 수도사가 운영하는 건전한 기도원으로, 성도들이 무척 많이 모인다는 이야기를 들었다. 부여군 충화면에 위치하고 있었는데 제법 산골이었다. 처음에는 '과연 이런 곳에 사람들이 올까?' 하는 생각을 했다.

임영이 기도원 원장님은 70세 정도로 연세가 지긋한 분으로 영이 깨끗해 보였다. 25년 전에 기도원을 설립하여 오직 부흥운동에만 전념해 오셨는데, 모두가 하나님의 도우심이었다고 말씀하셨다. 첫 집회가 열리기 전에 기도원 방침을 따르기 위해 몇 가지 여쭈었더니 헌금 강조만 하지 말고 다 알아서 하면 된다고 하셨다. 대부분의 기도원은 헌금이 많이 나오게 유도를 하는데 이렇게 정반대로 말씀을 하시니 고개가 끄덕여졌다. 농촌 형편이 어렵다보니 성도들이 오고 싶어도 헌금 때문에 미안하여 못 올라온다고 하셨다. 이 기도원은 심지어 등록비와 숙박까지 모두 무료로 제공되고 있었다.

저녁 집회시간이 되자 인근의 교회에서는 교파를 초월하여 성도들을 승합차에 태워 참석을 시키고 있었다. 지역 교회를 돕는 기도원으로 자리매김한 이 기도원은 지역 교회의 어른 목사님들이 지도 목사로 계시면서 강사도 소개하고 하다 보니 부작용도 없다고 하셨다. 원장님은 목사님들이 도와주시니 이 모든 것이 가능하다고 하시며 항상 겸손하게 말씀하셨다. 식사봉사는 자원해서 하는데 특히 마정교회의 사모님은 몸을 아끼지 않으시고 열심히 봉사를 하셨다. 그 모습에 성도들은 칭찬을 아끼지 않으셨다.

며칠 있는 동안 마치 아론과 훌과 같이 원장님을 돕는 두 성도가 있다는 것을 알게 되었다. 25년 전 한복집을 경영하셨던 ○○○ 권사님은 은혜를 받으시고 난 후 이 기도원에 올라오셔서 일생을 결혼도 안 하시고 주를 위해 봉사하고 계셨다. 농사짓는 일과 장 보는 일 등 주로 남자가 하는 일들을 도맡아 하고 계셨는데 오토바이와 자동차 운전도 잘 하셨다.

또한 이 분에게 한복을 배웠다는 홍산장로교회 구충희 권사님은 25년간을 한결같이 주방에서 음식을 만드셨다. 요즘은 주방봉사를 꺼리는 사람들이 많다. 그럼에도 이 권사님은 기쁜 마음으로 하시는 것 같았다. 힘들지 않으시냐고 여쭈었더니 그렇지 않다고 하시며 결혼 전부터 남편에게 주방봉사에 대한 승낙을 받고 결혼했다고 하셨다. 남편 되는 최 집사님은 집배원으로 30년을 성실하게 일해 오신 분이었는데, 늘 집회 때가 되면 기도원에 올라와서 은혜를 받으신다고 한다. 아들 중 한 명은 장로교신학대학원을 졸업하고 군목임관을 앞두고 있었는데 김달영 목사의 사위이다.

예수님은 자라실 때 하나님과 사람 앞에 더 사랑을 받으셨다고 했는데 그동안 개척하여 목회를 해오는 나로서는 지역 교회에게서 사랑을 받는 수도산기도원이 한없이 부럽게 느껴졌다. 나사렛에서 무슨 선한 일이 일어날 수 있느냐 하였지만 예수가 탄생함으로 나사렛이 유명해진 역사를 나는 이 수도원에서 경험하였다.

꺼져가는 등불을 마저 끄시기를 기뻐 아니하시는 하나님께서 오 헨리의 '마지막 잎새'처럼 주님께 붙어 외롭게 사명을 다하는 수도산기도원 원장님과 두 기둥에게 은혜를 베푸시고, 계속 불타오르며 끝까지 남아 사명을 다하는 기도원이 되기를 오늘도 기도드린다.

자랑스러운 하나님의 딸

얼마 전에 아산시 인주면에 있는 금성순복음교회(담임 김경종 목사)에서 부흥집회를 인도하였다. 김 목사님은 30대 중반이었는데 특별히 학생과 청년 쪽에 많은 관심을 가지고 목회를 하여 농촌인데도 불구하고 학생과 청년들이 많이 있었다. 게다가 다른 이웃 교회들에는 청년회가 아예 없다보니 이 교회로 다른 교회의 청년들까지 모이고 있었다.

이곳에 며칠 있는 동안 성민희라는 여대생의 이야기를 들었는데 가슴이 뭉클하였다. 이 학생의 부모는 토속신앙에 깊게 빠져 있어서 자녀들이 교회에 가는 것을 몹시 반대를 하신다고 한다. 이 학생은 안산에 있는 학교에 다니는데 매주 토요일이 되면 교회에 와서 잠을 자고 주일예배를 드리고 다시 안산에 간다고 한다. 그런데도 부모님이 계시는 집에는 들르지를 못한다고 하니 마음이 아팠다.

생명 드림의 결단, 이것은 하나님께서 큰일을 행하시기 전에 우리에게 요구하시는 필수조건이다. 앞으로 다가올 여러 가지의 더 많은 어려움들을 이기기 위해서는 생명을 거는 결단은 반드시 필요하다. 어떤 가정은 부모님의 믿음이 좋아도 자녀들이 신앙생활을 하지 않아 고민인가 하면 이 귀한 하나님의 딸인 이 학생에게는 왜 이런 고통을 주시는 것일까?

　모세가 태어났을 때 그 부모가 그 아름다움을 보고 석 달 동안을 숨겼을 때 하나님께서 그를 살려 이스라엘을 구원하는 민족의 지도자로 삼았듯이 아마도 하나님은 우리가 알 수 없는 귀한 계획을 갖고 계실 것이라고 믿는다. 하지만 인간적으로는 너무도 안타까운 생각이 들었다. 십계명에 "네 부모를 공경하라"라는 말씀이 있다. 눈에 보이는 부모도 공경하지 못하면서 보지 못하는 하나님만 공경하면 다냐고 비아냥거리는 이도 더러 있을 것이다. 이 어린 학생이 어떻게 대답을 하며 이 괴로운 현실을 이겨낼 수 있을까? 성민희! 그대는 자랑스러운 하나님의 딸임을 잊지 말기를!

　감당할 수 없는 어려움을 주지 않으시며 어려움 당할 때 피할 길을 열어주신다고 약속하신 주님이 딸의 안타까운 마음을 어루만져 주시고 속히 모든 소원을 이루어 주옵소서.

믿음으로 성공한
갈비성 식당의 사장님

수년 전 강화 갈멜산 기도원에서 사마리아 선교회 주관으로 연합 집회를 열었던 때로 기억한다. 강화에서는 유명한 '갈비성'이라는 음식점을 경영하는 믿음 좋은 집사님이 틈틈이 기도원에 올라와 은혜를 받고, 집회 때마다 강사님을 초대하여 접대한다는 것이었다. 이런 집사님이 너무 귀하게 느껴져 나는 그때부터 그 분을 홍보하게 되었다.

집사님이 귀하게 느껴진 데에는 여러 가지 이유가 있다. 우선 담임목사님을 자랑하기 때문이다. 성도들 중에는 자신이 속한 교회의 담임목사는 귀하게 여기지 않고 다른 교회 목사님만 귀하게 여기는 경우가 종종 있다. 그러나 노 집사님은 담임목사님의 칭찬을 아끼지 않았는데 특히 새벽에 말씀을 참 잘 전한다고 하였다.

또한 바쁜 가운데서도 시간을 내서 인천 성서신학원 전도학과에 입학하여 공부하고 있었다. 목사님께서 반대하시면 공부하지 않겠다고 하였더니 등록금까지 주시면서 계속 하라고 하셨다는 것이다.

집사님은 전도에도 힘쓰는 분이었다. 본인이 경영하는 '갈비성' 식당 직원들을 전도하여 예수 믿게 하고 자신이 섬기는 교회에서도 주일마다 열심히 전도한 덕에 많은 사람들이 주께 돌아왔다고 하였다.

하나님을 믿는 자녀가 성공하여 이미 김포와 강화 지역에 이름만 대면 모두 아는 사업체를 경영하는 모습이 아름다워 보였다. 이미 노화자 집사님은 웨슬리 목사님이 남긴 경제관을 몸소 실천하고 있다는 생각이 들었다. "열심히 벌어라. 열심히 저축해라. 기회 있는 대로 열심히 써라." 오늘도 아름다운 봉사로 주를 섬기는 집사님은 분명히 복을 받을 것이라 믿는다.

주님! 하나님의 종인 노 집사님 마음에 평화를 주시고 그의 마음이 예수의 마음으로 가득하게 하옵소서.

장로님의 헌신과 봉사

얼마 전에 동창인 박종화 목사님이 섬기는 인천대광교회에서 부흥 집회를 인도하였다. 전에도 두 차례 부흥 집회를 인도한 적이 있었는데 다시 불러 주시니 정말 고마웠다. 은퇴하실 날이 얼마 남지 않았기 때문에 그 전에 한 번 더 부흥회를 갖게 되었단다.

가난한 지역을 구분하는 기준이 많이 평준화되었다지만 어려운 지역에서 30년이 넘도록 온몸으로 하는 목회를 통해 성자처럼 우뚝 서고 교회도 안정되어 이제 부흥만 하면 되는 상황이었다. 이 교회에는 장로님 두 분이 있었다. 서재빈 장로님과 양정숙 집사님 부부는 이 교회에서 신앙생활을 시작하여 장로로 세워지기까지 많은 충성과 봉사를 하고 있었다. 윤대순 장로님과 민정선 권사님 부부는 교회의 기둥이라 할 만큼 솔로몬 성전의 아론과 훌을 연상시키는 귀한 일꾼들이었다.

어느 날 아침 식사하는 자리에서 박 목사님과 대화 중에 윤 장로님의 믿음에 감동을 받았다. 교회를 건축할 당시 장로님은 칡즙을 팔아서 1천만 원을 건축헌금으로 드렸다고 한다. 사업 실패로 인해 이곳으로 오게 되었는데 온 가족이 하나님을 섬기고 있을뿐더러 죽도록 충성한 끝에 현재는 장로님 가정에서 드리는 십일조가 이 교회에서는 가장 많을 것이란다. 큰 딸 은경 양은 대전으로 발령 받아서 내려갔지만 주일에는 본 교회로 올라와 예배드린다고 하였다. 나도 담임목회자로서 늘 노심초사 성도들을 염려하는데, 박 목사님을 보고 있자니 나의 모습을 보는 듯 하였다.

윤 장로님은 온통 교회 염려뿐이었고 교회 부채만 다 갚으면 자신의 일을 할 수 있도록 허락해 달라고 하나님께 기도드린다고 하였다. 부목사님이 아시아를 선교하는 꿈을 안고 있는데 선교는 가는 사람뿐이 아니고 보내는 사람도 필요하기 때문에 매월 2백만 원을 선교비로 낼 수 있게 되기를 소망한다고 하였다.

주님! 대광교회 윤대순 장로님과 서재빈 장로님이 교회의 기둥되게 하시고 복 받은 일꾼으로 우뚝 서게 하옵소서.

진정한 교회

　최근에 서울 마천동에 소재한 진광장로교회(최관철 목사)에서 집회 인도를 하였다. 내 이름도 모르고 성도 모르는 목사님이 나에게 부흥회를 부탁해 오니 내가 제법 유명세를 탔나 싶은 마음에 솔직히 기분은 좋았다. 어떻게 알고 부르셨냐고 물었더니 신문에서 내가 쓴 글을 읽고 청하게 되었다고 하셨다. 크리스천신문에 약 2년간 칼럼을 쓴 것이 결실을 맺는 것 같아 보람을 느꼈다.

　교회는 마천동 시장 내에 있는 건물에 위치하였는데 건물 3층에 100평을 분양 받았다고 한다. 하지만 외부에서 볼 때는 마치 세 들어 있는 교회 같았다. 특이하게도 교회 맞은편에 왕국회관 '여호와의 증인'이 자리 잡고 있었다. 주변에 사람들은 많았지만 주차 시설이 마땅치 않은데다 요즘 사람들이 꺼린다는 세 들어 있는 교회 같다 보니 부흥하기에 좋은 환경 같지는 않았다. 하지만 이 교회야말로 진정한 교회라는 것을 곧 깨닫게 되었다.

　첫째로, 사랑이 충만한 교회였다. 교우들이 교회에 오면 집에 돌아가기 싫어하는 듯 하였다. 교인들의 집이 대부분 멀었는데 그것도 이유가 되기는 하겠지만, 그보다는 그들에게는 뜨거운 사랑이 있어 보였다. 초대교회를 보는 듯 하였다. 제각기 좋은 것이 있으면 교회로 가져와서 서로 나누는 모습을 보았다. 강사에게도 극진한 대접을 해 주었다. 많은 사람들이 강사를 대접하겠다고 자청하였는데 오죽하면 두 명씩 지정될 정도였다. 강사가 쉴 수 있는 공간도 따로 준비되어 있었다.

둘째로, 좋은 성도들이 모여 있는 교회였다. 어떤 교우가 좋은 교우일까? 아마도 전도하는 교인일 것이다. 전도가 어려운 요즘도 이 교회에는 매주 새 신자가 등록하고 있었다. 전도하는 사람들이 있기 때문이다. 그리고 장로님들을 비롯한 교우들이 한결같이 목사님과 사모님을 칭찬하였다. 특히 사모님을 칭찬하였는데 물론 사모님께서 훌륭하시겠지만 성도들 신앙의 바탕이 좋기 때문에 이러한 일이 가능한 것 같았다.

셋째로, 좋은 목사님과 사모님이 계셨다. 사모님 말씀에 따르면, 목사님을 처음 만났을 때 조금만 옆에서 도와주면 좋은 목사가 될 것 같아 결혼을 하였다고 한다. 목사님은 말씀도 시골스럽고 외모도 흠모할 만하지 않았다.

그렇다면 어찌하여 교우들의 사랑을 한 몸에 받으실 수 있을까? 나는 목사님의 삶 전체에서 진실함을 느꼈다. 나를 강사로 초청할 때 첫 마디가, "헌금 말씀만 마시고 은혜만 끼쳐 주세요."였다. 처음부터 강사의 짐을 덜어 주시는 것이었다. 또한 이 교회 성도들 중에는 10년, 20년을 피하고 도망 다니다가 목사님께 붙잡혀 새롭게 결심하고 신앙생활하는 분들이 여럿 있었는데 이 분들은 지난날을 후회하는 눈물로 가득하였다.

목사님은 시간만 나면 시장에서 전도한다고 하였다. 이 말이 쉽게 들릴지 모르지만 목사가 전도한다는 것이 쉬운 일은 아니다. 목사님의 고향에서는 어느 성도가 그 교회 목사님이 전도를 강조하면서도 목사님 자신은 실천하지 않는 모습을 보고는 화를 벌컥 냈다고 한다. "그러는 목사님께서는 전도해 보셨어요? 서울 동생이 나가는 교회 목사님께서는 언제나 전도하세요." 라고 말하였다고 한다. 사실 많은 목회자들이 양심에 가책을 느껴야 할 부분이라고 생각한다.

주여, 진광장로교회가 주님 오실 때까지 이 모습을 간직하고 앞으로 계속 부흥하는 모델교회가 되게 하옵소서!

포도원의 품꾼으로

사명 따라 살아가는 사람들

오네시모가 로마 옥중에서 바울을 만나 복음을 들음으로,
과거에는 무익했던 자가 유익한 자가 되고
더 나아가 바울의 심복이 되는 역사가 이루어졌다.

"의사보다 목사가 좋아요"

옛날에 이화여자대학교 학생들을 대상으로 결혼 상대자에 대한 직업 선호도 조사를 한 적이 있었는데, 목사가 이발사 다음이었다고 한다. 얼마 전 같은 내용의 설문 조사를 다시 실시하였는데, 그 결과에 따르면 목사의 위치가 상당히 높아졌다는 이야기를 들었다.

딸만 둘 있는 목사님이 어느 날 내게 전화를 했다. 큰딸이 혼기가 지나 걱정이라고 하면서 중매를 부탁하는 전화였다. 큰딸은 플루트를 전공했고 독일에서 공부하고 왔다고 했다. 아빠 닮아 인물은 별로 없다는 말까지 하며 진지하게 부탁을 해 왔다. 그 교회에는 의사들도 있는데 딸이 목사와 결혼을 하고 싶어 한다는 것이었다.

또 얼마 전에는 동창인 김 목사님과 이야기를 하게 되었다. 김 목사님에게는 딸만 셋 있는데 모두가 감리교신학대학을 졸업했고, 그 중 큰딸은 수원에 있는 고등학교에서 교목 후보생으로 있다고 하면서 이 딸 역시 배우자감으로 목회자를 원한다고 하였다. 신학을 공부하는 아들만 둘을 둔 나에게는 기분 좋은 이야기였다.

다른 곳에서의 천 날보다 내 하나님 집의 문지기로 있는 것이 낫다고 한 다윗의 고백이 가슴에 와 닿았다.

"잠시 잠깐 사는 세상인데 육신의 부유함보다는 영혼의 부유함을 추구하는 지혜를 주옵소서. 하나님의 귀한 종의 딸들에게 은혜를 주시어 하나님 마음에 합한 주의 종을 만나게 하시고, 주의 사역을 더욱 훌륭히 감당하게 하옵소서."

"죽으면 뭐한대유?"

하나님은 먼저 주님을 영접한 자에게 자녀의 권세를 주시고 또한 보증으로 성령을 부어 주셔서 증인으로 삼으신다.

1974년 신학교에 입학하여 1학년을 마치고 성동제일교회에서 첫 목회를 하게 되었을 때, 그 당시 집사님이었던 남진우 권사님과는 군대 문제로 1년이 채 안 되는 기간만 함께하고 헤어져야 했다. 제대 후 서울에서 개척을 하였는데 우연히 이분을 다시 만나게 되었고 그때 인연이 오늘날까지 이어져 30년 가까이 신앙생활을 함께 해 오고 있다. 그러기에 남진우 권사님은 내 목회에 있어 산 증인이 되시는 분이다.

그동안 함께 신앙생활을 해 오면서 눈물겨운 사건들이 종종 있었다. 오래 전 건축 헌금을 작정할 때는 적지 않은 연세에도 불구하고 여의도 빌딩에 청소부로 다니시면서 버신 눈물겨운 물질을 건축 헌금으로 바치기도 하셨다. 빌딩 청소하는 것도 힘드셨을 텐데 하물며 교회 계단까지 몸소 닦으셨다. 교회마다 이런 성도가 있기에 목회에 힘을 얻는가 보다.

이러한 권사님께서 며칠 전 또다시 나의 마음을 울리셨다. 주일 예배를 시작하기 직전, 권사님이 내 사무실에 들어오시는 것이었다. 이런 경우는 처음인지라 무슨 영문인가 하여 좀 긴장이 되었다. 의자에 앉으신 권사님은 눈물을 글썽이시며 "목사님, 요즘 '몸이 불편한 걸 보니 죽을 때가 되었나' 하는 생각이 자꾸 들어유. 그런데 손자, 손녀들 때문에라도 좀 더 살고 싶어유." 하고 말씀하시는 것이었다. 그러더니 봉투 하나를 꺼내시며 "하나님 앞에 봉사도 제대로 못했고, 있는 것이라고는 이것밖에 없는데 죽으면 뭐한대유?" 하시며 묵직한 반지 두 개가 든 봉투를 내미셨다. 권사님의 힘들었던 생활을 모두 알고 있는 나로서는 속으로 뜨거운 눈물을 흘려야 했다.

주일 예배 때 권사님 이야기를 전했고, 성도들은 모두 큰 은혜를 받았다고 했다. 우리 교회 장로님은 귀한 정성으로 드려진 반지이기에 조금이라도 더 받고 팔기 위해 청계천을 많이 헤매셨다고 한다.

"주님! 주님 이름으로 세워진 서광교회가 성령의 감동을 받은 남 권사님을 통하여 하나님의 뜻을 이루게 하옵소서."

"하나님! 어린 종을
보내 주셔서 감사합니다"

1974년은 내 인생에 있어 매우 중요한 시점이었다. 당시 아버님이 목회하시던 화정교회에서 한얼산기도원 원장이신 이천석 목사님을 모시고 부흥집회가 열렸다. 나는 이번 기회에 하나님이 살아 계시다는 증거를 보여 주시면 아버님을 이어 목회를 할 것이고, 안 보여 주시면 다른 길로 가겠다는 각오를 했다. 내게는 매우 중요한 결정이었으므로 여러 날을 철야와 금식 기도를 하며 하나님께 매달렸다. 그때 하나님은 내게 성령의 뜨거운 불을 받게 하셨고, 확신 속에서 아버님의 인도로 성결교신학교에 입학하여 목회 수업을 받게 되었다.

1974년 11월 31일, 나는 첫 목회지로 강경지방 성민교회(현재는 성동제일교회)에 부임하였다. 첫 예배에 네 가정이 모였는데, 모두 합해서 13명이었다. 우리는 은혜롭고 가슴 뜨거운 예배를 드렸다. 사과 궤짝으로 만든 강대상에, 비바람에 무너져 내린 교회 벽은 흰 모조지를 붙여 임시로 찬바람을 막고 있었다. 그뿐인가! 교회 종은 교회 밖에 있는 나무에 산소통을 매달아 사용하고 있었다. 전형적인 농촌 교회에서의 길지 않은 목회 사역이었지만, 30년이 지난 지금도 뚜렷이 기억에 남아 있다. 그 중 특별히 기억나는 성도는 송신국 권사님이시다. 당시 연

160

포도원의 품꾼으로

세가 87세로 고령이었음에도 불구하고 교회 일에 가장 모범을 보이셨다. 꼭 하루에 한 번 이상 사택에 찾아와 방은 따뜻한지, 쌀은 떨어지지 않았는지 살피셨던 정이 많은 귀한 권사님이셨다. 교회가 언덕에 있다 보니 겨울엔 눈 덮인 길을 걸어오셔야 했는데 그 바람에 많이 넘어지기도 하셨다. 지나가던 동네 사람들이 일으켜 드리기 위해 손을 내밀면 "아이쿠, 하나님 감사합니다." 하며 언제나 감사하는 모습을 보이셨다. 그야말로 범사에 감사하는 믿음을 소유한 참 신앙인이셨다. 얼마 안 되는 성도들이 매주 돌아가면서 기도를 인도하였는데, 송 권사님의 기도에는 "하나님, 우리 성민교회에 어린 종을 보내 주셔서 감사합니다." 하는 내용이 거의 빠짐없이 들어갔다.

송 권사님이 나를 어린 종으로 부른 이유는 아마도 21살의 전도사인 내가 무척 어리게 보이셨던 모양이다. 또한 젊은 목회자가 농촌의 어려운 교회를 맡아 사역하는 것이 무척이나 좋으셨던 나머지 기도하실 때마다 그렇게 표현하신 거 같다. 난 속으로 '내가 어린 종이면 우리 아버지는 늙은 종인가?' 하는 생각을 하며 웃기도 했다. 어쨌든 나도 언젠가는 늙은 종이라는 말을 듣게 될 텐데 부지런히 목회를 해야겠다고 다짐하곤 했었다.

권사님의 기도의 참뜻은 이해하고도 남는다. 어느새 세월이 흘러 목회의 중반에 서 있다 보니 훌쩍 지나간 세월이 매우 아쉽다. 지금의 내 모습을 권사님이 보신다면 아직도 어린 종이라고 해 주실지 모르겠다. 그 시절 듣던 '어린 종'이란 말이 그리울 뿐이다. 오직 하나님 중심에 서서 믿음 생활을 해 오신 송 권사님이 무척 보고 싶다.

161

사명 따라 살아가는 사람들

모델 집사

지난 8월 김포에 있는 갈릴리기도원에서 집회 인도를 하였다. 오랫동안 운영하지 않았던 기도원이라서인지 모인 인원이 많지 않았다. 그러나 예수님의 열두 제자들을 생각하며 작은 무리들을 향하여 최선을 다하여 복음을 전하였다.

몇 분의 성도들과 오순도순 저녁 식사를 하던 중, 귀한 집사님 내외분을 만나게 되었다. 바로 김충민, 권영희 집사님이시다. 김 집사님 내외분은 여의도순복음교회에 다니시는 분들이었는데, 옆에서 그분들을 뵙고 있자니 부럽다는 생각이 들었다. 두 분은 매시간 집회마다 참석하셨는데, 알고 보니 부인 되시는 권 집사님이 기도원 원장님의 막내 동생이셨다.

대화 도중에 김 집사님은 "강사님, MBC 뉴스 앵커 김주하를 아시나요? 그 애가 바로 제 딸입니다. 지금 방송 때문에 그리스 아테네에 가 있습니다. 생각나실 때마다 기도 좀 해 주세요."라고 하셨다. 옆에 있는 분들의 얘기가 집사님 내외분에게는 두 딸이 있는데 큰 딸은 MBC 앵커이고, 동생은 중학교 교사에 재직하고 있다고 했다.

또 남편 되는 김 집사님은 아내를 가리키며 "권 집사는 매일 새벽마다 2시간씩 기도드려요."라고 했다. 그리고 일 년에 전도 목표를 50명으로 정하고, 매주 한 명은 어떤 방법으로든지 교회에 등록을 시킨다는 것이었다. 그 말을 듣는 순간 왜 여의도순복음교회가 세계에서 제일 큰 교회가 됐는지를 알게 되었다. '우리 교회에도 저런 교인이 있었으면 좋겠다.'는 생각이 들었다.

김 집사님 내외분은 집회 기간 중에 매일 서울을 오갔는데 성도를 한 사람이라도 더 데려오기 위해서였다. 권 집사님은 얼마 전 교회에서 '전도상'을 받았다고 한다. 부모가 전도에 힘쓴 결과, 자녀들이 축복을 받고 또한 부모도 자녀로 인해 기가 살아 있음을 느낄 수 있었다. 김주하 앵커가 좋은 배필을 만나 결혼을 했는데, 사돈 되시는 분들이 세계 일주나 함께 하자고 했다고 한다.

신앙의 좋은 모델이 되는 김 집사님 내외분을 보면서, 하나님은 언제나 약속을 지키시며 행한 대로 거두게 하시는 공평하신 분임을 깨닫게 되었다.

별과 같은 장로

한 나라의 미래는 젊은이들에게 달려 있다고들 말한다. 교회 또한 미래를 이어갈 젊은이들이 많아야 하건만 농촌 교회의 현실을 볼 때 미래가 어두워 보인다. 역사를 이어 갈 젊은이들이 없기 때문이다. 청년부와 청장년이라는 이름은 아예 사라지고, 학생회와 남선교회로 구분하는 곳이 많다.

내가 집회 갔던 산성교회는 결혼을 기준으로 20대 후반부터 99세까지를 남선교회라 부르고 있었다. "100살이 넘으면 어떻게 하냐?"고 물었더니 그냥 받아 준다고 했다. 그러다 보니 할아버지와 손자가 한 선교회에 있게 되는 경우도 있었다. 70세 이상은 예우해 드리는 차원에서 회비를 안 받는다고 하는데, 말로만 듣던 농촌의 실상을 대하니 마음이 씁쓸했다.

구라파 교회들이 관광지로 변했다는 말이, 이제는 남의 나라 이야기만이 아닌 우리나라 이야기로 다가오는 느낌이다. 그동안 한국 교회와 농촌 교회가 이만큼 성장하기까지는 말없이 수고한 숨은 봉사자들이 있었음을 부인할 수 없다. 바로 이민수 원로장로님 같은 분들이 계셨기에 가능했다.

이 장로님은 매시간 앞자리에 앉아 계셨는데 눈도 꿈쩍 안 하시는 거 같았다. 이 장로님은 이 지역에서 교장 선생님으로 퇴임하셨는데, 보너스 받은 달은 전액을 담임목사님에게 주셨다고 한다. 자식 중에는 한남대학교 총장인 아들도 있고, 선교사도 있고, 곧 별을 달게 될 막내아들도 있다고 한다. 자식 농사도 아주 잘 지은 듯 보였다.

어느 날 담임목사님이 설교하면서 죽기 전에 있는 것 다 하나님께 드리라고 했더니, 곧바로 총장 아들에게 전화하여 목사님이 물질이 급하신 거 같으니 빨리 산을 팔아 달라고 했다고 한다. 느닷없이 산을 팔라는 아버지의 말씀에 놀란 아들은 이게 어찌된 영문인가 하여 확인하는 전화를 목사님께 했다고 한다. 뜻밖의 이야기에 당황한 장 목사님은 전혀 그런 게 아니었다고 아드님에게 설명하여 오해는 풀렸다고 했다. 이 장로님은 목사님의 말씀을 어린아이처럼 받아들이셨던 거다. 어쨌든 나는 당황스러운 이 이야기에 깊은 감동을 받았다.

한국 교회에, 특히 감리교회 안에 이렇게 귀하신 별과 같은 장로님을 주신 것을 자랑스럽게 생각하면서, 앞으로 장로님 더욱 건강하시고 자식들 또한 더 잘 되기를 기도드린다.

복 받은 목사

에디슨은 "하나님이 주신 1%의 영감과 99%의 노력으로 위대한 발명왕이 될 수 있었다."고 말했다. 어느 목사님은 성공한 목회자의 정의를 "개척 교회를 해 봐야 하고, 성전을 지어 봐야 하고, 자식 중에 목사가 나와야 한다."고 하였다. 그러고 보니 나는 여기에 모두 해당이 되어 무척 기뻤던 기억이 있다.

얼마 전 강풍일 목사님의 소개로 방배동 삼호침례교회에서 새벽 집회를 인도한 적이 있다. 당회장실에 있는 이름패를 보니 '안종대 목사'라고 쓰여 있었다. 그 순간 살짝 스치는 목사님이 계셔서 "혹시 안종만 목사님을 아시냐?"고 했더니 형님이라고 하셨다. 세상이 좁음을 다시 한 번 느꼈다. 이렇게 재미난 일을 많이 겪다 보니, 이제는 새로운 사람들을 만나면 기대가 된다.

안 목사님은 내게 "아들이 신학을 한다고?" 하고 물으셨다. 자신 있게 두 아들 모두 신학을 한다고 했더니, 안 목사님은 세 아들 모두가 목사라고 하셨다. 더욱이 형님까지 목회를 하시고 계신데다 형제 모두가 총회장까지 다 마쳤으니 더 이상 할 말이 없다. 그리고 현재 십여 권의 책을 내셨는데 20권까지 내시겠다고 한다. 남은 생애는 건강이 허락하는 한 선교에 힘쓰겠다고 하시니, 복을 맘껏 받으신 목사님이 한없이 부러웠다.

목사님은 타 교파 목사를 강사로 세운 것은 32년 만에 처음이라고 하셨다. 타 교파 목사 중 한 사람을 추천해 달라고 하셨다는데, 그 많고 많은 목회자 중에 내가 추천을 받아 말씀을 전하였으니 영광이다. 새벽에 집회를 하는 교회도 귀하지만 그렇게 많은 교인이 모이는 것 또한 쉽지 않은 일이다. 마치 기드온의 300명 용사를 보는 거 같았다.

웨슬리 목사님은 온전한 그리스도인을 추구하였는데, 내가 느낀 안 목사님은 완벽에 가까운 목회자의 모습을 지니셨다.

"주님! 안 목사님 남은 삶에 하나님이 끝까지 함께 하셔서 선한 싸움 싸우고 나의 갈 길을 마치고 믿음을 지켜 면류관 받게 하옵소서."

아버지도 아들처럼
크게 한 번 드리세요!

얼마 전 충남 아산의 신화교회 안경남 장로가 전화를 하였다. 안 장로와 나는 강원도 양구 21사단에서 함께 군종 생활을 했기에 서로를 너무도 잘 안다. 한 명은 목사로, 한 명은 장로로 주님을 섬기기에 서로에게서 들을 수 있는 이야기가 많다. 신학을 공부하는 아들의 진로를 걱정하면서 언제 한 번 찾아오겠다는 전화였는데, 마침 내가 당진에서 집회 인도를 마치고 오는 길이어서 곧바로 만난 적이 있다.

안 장로는 협성신학대학원에 재학 중인 장남의 이야기를 꺼냈다. 지난 해 결혼한 장남이 1년 동안 교회에서 받은 사례비와 유아원 교사로 일하고 있는 며느리가 받은 월급을 합하면 2천만 원이 넘는데, 그 중에서 하나님께 드린 헌금이 1천만 원이 넘는다는 이야기를 하였다. 게다가 남은 돈으로 절약하며 생활하다 보니 5백만 원이 남아서 이것조차도 하나님께 드렸다고 하면서, "아버지도 아들처럼 크게 한 번 드리세요."라고 말을 하는데, 성령이 망치로 이마를 탁! 치는 느낌이 들었다고 했다.

장남의 말을 듣고 난 후 안 장로는 내가 하나님께 얼마를 드릴 수 있을까를 고민하며 적금과 논 등 자신이 가진 이것저것을 다 계산해 보았다고 한다. 대략 1억 원쯤 되었는데 자기 힘으로는 도저히 드릴 결심을 내릴 수 없어서 주변의 기도하는 권사님 세 분에게 기도를 부탁했다고 한다. "장로님, 믿음대로 드리세요."라는 대답만을 들은 안 장로는 주의 종인 아들의 말에 순종하는 마음으로 어느 날 아들 내외를 오라 하여 네 식구가 가정 예배를 드리면서 성경 위에 손을 얹고 기도한 후 하나님께 건축 헌금으로 드렸다고 한다.

신화교회는 3년 전부터 담임목사님이 건축을 하자 해도 교인들의 반응이 없었는데 안 장로의 헌금으로 교회 분위기가 서서히 바뀌고 있다는 말을 들으니 은혜가 된다.

지금도 살아서 역사하시는 하나님 앞에 꿇어 엎드려 기도하면, 교회는 반드시 하나님께서 역사하신다는 것을 느낄 수 있다. 나 또한 진실한 믿음과 바른 신앙을 교인들에게 심어주어야겠다는 새로운 사명감을 갖는 계기가 되었다.

안경남 장로의 아들이 가는 목회의 길에 주님의 축복이 함께 하시길 기도드린다.

사명 따라 살아가는 사람들

안수집사인 걸요!

사람은 만남을 통하여 운명이 결정된다. 오네시모가 로마 옥중에서 바울을 만나 복음을 들음으로, 과거에는 무익했던 자가 유익한 자가 되고 더 나아가 바울의 심복이 되는 역사가 이루어졌다. 이는 사람은 알 수 없는 하나님의 섭리 속에서만 가능한 일이다.

우리 집안은 할아버지와 아버지가 독자시다 보니 친척이 별로 없다. 아버님을 통하여 그나마 할아버지의 6촌 되시는 분이 대전에서 사시고 신앙생활을 잘 하고 계신다는 이야기를 들었다. 어느 날 그 댁 행사에 가게 되었는데, 그분의 사위가 텔레비전에 나오는 이창섭 아나운서라는 얘기를 듣고 궁금히 여긴 적이 있다.

얼마 전 방배동의 삼호침례교회에서 이틀 동안 새벽 집회를 인도하게 되었다. 안종대 목사님이 맞이해 주셔서 그분을 따라 사무실로 가는데 길목에 어떤 남자분이 안내자로 서 있었다. 그분이 내게 인사를 하여 나도 덩달아 같이 인사했는데, 목사님은 방송국 아나운서라고 귀띔해 주셨다. 그 순간 이분이 평상시 아버지께서 말씀하셨던 이창섭 아나운서라는 확신이 들었다. 그래서 다시 다가가 장인어른이 우리와 친척이시라는 말을 하고는 다시 한 번 반갑게 인사를 나누었다. 말로만 듣던 분을 이 교회에서 만난 것이 신기해, 집회 마치고 가는 차 안에서 대전으로 전화를 드렸다. 그랬더니 할아버지께서 반가워하시며, 창섭이가 다니는 교회에 설교하러 갔느냐고 물으셨다.

다음날 안 목사님께 이창섭 집사님이 교회에 나온 지는 얼마나 되었냐고 물었더니, 몇 년이라는 말 대신 "안수집사인 걸요."라고 하셨다. 장로교회의 안수집사는 감리교회의 권사 정도 되는 걸로 알고 있는데 침례교단은 장로가 없다 하니, 감리교회로 보면 권사도 되지만 때로는 장로의 위치도 되는 거 같았다. 목사님의 자신 있는 "안수집사인 걸요."라는 말씀은, '내게는 보증수표'라는 말로 들렸다. 주보를 보니 이 집사님이 영적진흥위원회 위원장으로 이 집회를 주관하고 있었다. 과연 이 교회의 기둥임을 느낄 수 있었다.

세상 사람들이 부러워하는 직업을 가진 그가 하나님 교회의 안수집사로 새벽에 일찍 나와 안내를 보고 있는 모습이 참으로 아름다워 보였다. 다른 곳에서의 천 날보다 내 하나님의 집에 문지기로 있는 것이 낫다는 말이 이를 두고 하는 말 같았다. 나는 이 집사님을 보면서 다윗의 모습을 보는 거 같았다.

"주님! 이창섭, 전병순 집사님 내외분에게 하나님의 은혜가 가득 임하게 하시고 세상의 스타에서 하늘나라 스타로 계속 올라가게 하옵소서."

중국 땅에 피어날 여자 목사 1호

　누군가 나에게 "소원이 무엇이냐?"고 묻는다면, "하나님이 창조하신 전 세계를 한 번씩 가보고 싶다."고 말할 것이다. 지난 7월엔 한국기독교부흥협의회에서 중국 계림으로 부부 수양회를 다녀왔고, 10월 8~12일엔 동작지방 교역자 부부 수련회로 상해를 거쳐 계림을 다녀왔다. 공산당이 운영하는 계림시의 하나뿐인 기독교당에서 수요일 낮에 예배를 드렸는데 매우 감격스러웠다. 아내는 피아노 반주를 했고 난 복음을 전했는데, 그 감격이 지금까지도 마음에 남아 있다.

　아무리 아름다운 자연일지라도 막상 그 속에서 살다 보면 아름다움을 잘 느끼지 못하는 것처럼, 여행도 떠날 때가 즐겁지 돌아올 때는 피곤하기 마련이다. 좋은 추억을 간직하기 위해선 우선 가이드의 역할이 중요한데 거기서 만났던 가이드 한 분을 소개하려 한다.

　지난 7월, 한국기독교부흥협의회 부흥사 170명이 중국 계림을 방문했을 때 인원이 많다 보니 여러 대의 차를 이용하게 되었다. 그런데 여러 명의 가이드 중에서 1호차 가이드였던 박옥화 양의 칭찬이 이구동성으로 자자했다. 그러다 보니 이번 부부 수련회 또한 박옥화 양에게 안내를 부탁하게 되었다. 미모의 그녀는 교포 2세였는데, 느릿느릿 말하는 경상도 억양 같은 말투 때문에 처음부터 끝까지 웃음 속에서 시간을 보낼 수 있었다. 이것이 인연이 되어 그 후 옥화 양은 엄기호 목사의 초대로 한국에 와서 세례를 받았고, 이호문 감독은 한국 신학교에서 공부해서 중국 최초의 여성 목사가 될 것을 부탁했다고 한다.

그녀는 이런저런 일로 헤어질 뻔했던 친구가 있었는데 "네 눈에 있는 들보는 못 보고 다른 사람 눈에 있는 티만 빼려 하느냐!"는 엄 목사의 설교를 듣고 친구를 다시 얻었다고 고백하기도 했다.

일정을 마치고 돌아오는 길에 옥화 양은 마지막 인사를 하며 "나도 몇 년 후에는 한국에 가서 신학 공부를 하여 중국 최초의 여자 목사가 되겠습니다."라고 말하였는데, 그 순간 차 안에 있던 우리 모두는 숙연해졌다.

나는 한국에 돌아와 옥화 양의 이야기를 전하면서 다시 한 번 우리도 뜨겁게 복음을 전하자고 외쳤다. "나는 심었고 아볼로는 물을 주었으되 오직 하나님께서 자라나게 하셨나니 그런즉 심는 이나 물 주는 이는 아무 것도 아니로되 오직 자라게 하시는 이는 하나님뿐이니라."(고전 3:6~7)

사 명 따 라 살 아 가 는 사 람 들

집사님은 탤런트 같으시네요!

지난 8월 약 8만 명의 감리교 교인이 하나 되는 영남선교대회 축제가 부산에서 열렸다. 버스를 대절하여 전국 방방곡곡에서 다 모인 대단히 큰 행사였다. 우리가 탔던 버스에는 상도교회, 대방교회 성도들이 동승하였다. 상도교회 신형균 목사와 나는 앞자리에 같이 앉아 있었다. 버스가 휴게소에서 잠시 쉬었다가 출발하려 하자, 우리 교회 임○○ 집사님이 서둘러 차에 올라탔다. 그 집사님을 보며 신 목사님이 "집사님은 탤런트 같으시네요!"라고 칭찬하자, 임 집사님은 칭찬이 어색한지 "뭐 사 드릴까요?" 하며 반사적으로 대답하였다. 그날 그 분위기를 알아차린 사람들은 다 같이 웃었던 기억이 있다.

임 집사님은 다니던 직장을 그만 두고 다른 직장으로 가기 위해 잠시 쉬던 중이었다. 원래 대접하기를 좋아하는 집사님은 정말로 식사 대접을 하겠다고 하였다. 그래서 그 뒤로 감사하게도 대접을 받았는데, 말이 얼마나 중요한지를 새삼 느꼈다. 교회 안에서 다른 사람에게 무심코 던진 한 마디가 상처가 되어 교회 부흥에 방해가 되는 경우를 자주 보게 되는데, 그때마다 참으로 안타깝다. 서로 상대방의 기분을 좋게 하는 말만 한다면 얼마나 좋을까 하고 생각하였다.

내가 어릴 때는 '웅변은 은이고, 침묵은 금'이라는 말을 많이 들었는데, 요즘은 '침묵은 은이고 말을 잘하는 것이 금'이라는 말을 곧잘 듣는다. 잠언 17장 27절을 보면 "말을 아끼는 자는 지식이 있고"라는 말씀이 있다. 말을 무조건 하지 말라는 것이 아니고 덕이 있는 말을 하여야 하는 것이다. 성경은 "말에 실수가 없으면 온전한 자"라고까지 하였다.

다음은 사랑패밀리센터 이의수 목사가 제안한 '칭찬을 위한 7가지 조언'이다.

1) 칭찬은 미루지 말고 즉시 칭찬하라.

2) 구체적으로 칭찬하라(감탄사와 함께).

3) 칭찬받는 이유, 즉 그 일의 중요성과 가치를 설명하라.

4) 긍정적인 것을 칭찬하라.

5) 계속 잘 하도록 부탁하라. 함께 더 잘해 보도록 격려하라.

6) 가족 가운데 칭찬하는 사람을 칭찬하라.

7) 잘못한 일에서도 칭찬할 것을 찾으라.

"지혜로운 요리사와 같이 소금을 아껴 쓰는 지혜를 주시어, 새해에는 말을 해야 할 때와 하지 말아야 할 때를 잘 분별하게 하옵소서."

참모총장의 부관에서
예수의 부관으로

전 해병대 부사령관을 지낸 김기홍 장로님의 소개로 당시 해군 참모총장 부관으로 있던 안병성 대위를 알게 되었다. 그는 현역으로 있을 때 우리 교회에 와서 간증을 하기도 했다. 깔끔하게 잘생긴 인물에다가 말씀을 재미있으면서도 은혜롭게 잘 전하여, 그릇이 매우 크다고 느꼈었다. 그 당시 우리 교회는 IMF 직전에 건물을 마련하여 리모델링하느라 돈이 많이 필요한 상황이었는데 안병성 대위가 100만 원을 헌금하여 무척 힘이 되고 고맙게 느낀 적이 있다.

그러던 그가 전역한 후 목회를 하고자 한다는 이야기를 듣고는 내심 감리교회로 인도하고 싶었는데, 어느 날 순복음 신학을 한다는 소문을 들었다. 그 후 우리 교회와 멀지 않은 곳에 지하실을 얻어 개척한다는 연락을 받고 아내와 함께 가서 예배를 드렸다. 그리고 얼마 후 봉천동을 지나가는데 2층에 '순복음 보혈의교회' 라는 간판이 보였다. 또 얼마 지나지 않아 3층에 '교육관' 이라는 간판이 놓인 것을 확인했다. 하나님이 빠르게 역사하고 계심을 느꼈다.

어느 날 그 교회에 저녁 집회를 요청받아 가게 되었다. 저녁 식사를 대접한 윤남형 집사님은 안 목사님과는 군 시절에 사병으로 만난 형제인데 지금은 집사가 되어 보혈의교회 일꾼으로 큰 역할을 감당하고 있었다.

사모님 또한 선해 보이고 성품이 좋아 보였다. "이렇게 귀한 미남을 만나셨으니 복 받으셨습니다." 하고 인사하자 "얼굴뿐만 아니라 마음도 착해요." 하는 대답에서 행복이 가득함을 느낄 수 있었다. 목사님은 기도를 많이 하고 성령이 충만한 배우자를 원했는데 그대로 응답받았다고 했다.

이 교회에는 찬송과 기도가 살아 있었다. 작은 여의도순복음교회 같은 특유의 모습이 있었다. 그리고 선교하는 교회이자, 축복을 사모하는 교회였다. 목사님은 축복 안수를 무척이나 사모하셨는데, 오죽하면 헤어지려고 횡단보도 앞에 서 있는데 어느 학생이 다가와 안수 기도를 부탁하는 바람에 그 자리에서 해 주는 모습을 보기도 했다. 저녁 집회는 잘 안 모인다는 요즘 현실에서, 짧은 역사인데도 100명 이상 모인 것을 보며 나는 도전을 받았다.

"주님! 안 대위를 주의 종으로 삼으셨으니 앞으로도 더욱 귀하고 아름답게 사용하여 주시옵소서."

취임하신 감독님들께
축하와 기대를!

내 아버님은 목회자가 된 것을 최고의 영광으로 알고 목회하셨고, 그 중에서도 감리교 목사가 된 것을 매우 자랑스러워하셨다. 오래 전에 서울 ○○ 교회 김○○ 목사님이 부흥회 강사로 온 적이 있었다. 아버님이 거듭 감리교회를 자랑하자, 듣기 싫었던지 "감리교회가 구원을 줍니까?" 하며 아버님에게 따지던 모습이 지금도 눈에 선하다. 아버지가 하늘나라에 가신 지금 가끔씩 느끼는 것은 그래도 이런 분들이 버팀목으로 계셨던 것이 큰 힘이 되었다는 것이다.

기독교대한감리회 제28회 총회가 막을 내렸다. 그동안 수고하신 감독회장님을 비롯하여 여러 감독님들의 노고에 감리교회의 한 일원으로서 존경과 감사를 드린다. 또한 새로 취임하신 감독님들께는 축하와 기대의 마음을 새롭게 가져 본다.

목사는 목사답게 정직해야 한다. 그런데 선거 때마다 느끼는 것은 후보자들을 정확히 검증하기가 어려워 제대로 선택하기가 어렵다는 것이다. 그러다 보니 학연, 지연 등으로 표를 던질 때가 있다.

나는 선거하기 전에 이런 기도를 드린다. 예수님이 십자가를 지시기 전 겟세마네 동산에서 "내 뜻대로 마옵시고 아버지 뜻대로 하옵소서."라고 했듯이, 설령 내 생각이 옳다 해도 주님의 생각과 견줄 수는 없으므로 내가 누구를 찍을지라도 다른 사람이 하나님 맘에 합한 자라면 그 사람이 당선되게 해 달라는 기도를 드린다. 이는 오직 감리회가 잘 되기를 바람에서다.

박정희 대통령 하면 '새마을 운동'과 '고속도로 건설'이 생각나듯, 우리 감리교회는 '300만 총력전도'와 '정직 운동'이라는 구호가 생각난다. 귀가 따갑도록 들어온 말이다. 이 때문에 사실 약간의 성장세를 보이기도 했다.

창세기 41장 37절 이후에 보면, 요셉이 바로의 신임을 받고 애굽의 국무총리로 임명받는 장면이 나온다. 애굽의 수많은 사람들을 제쳐놓고 왜 하필 이방 나라에서 온 요셉을 임명하게 되었을까?

    1) 요셉은 하나님의 신이 감동한 사람이다. 우리 또한 기도의 사람 이며 하나님의 신이 감동한 감독님을 원한다.

    2) 요셉은 명철하고 지혜 있는 자로 인정받았다. 감당치 못할 어려 움은 주시지 않는다고 약속하셨으니, 하나님께 지혜를 구하면 방법을 알려 주실 것이다.

3) 요셉은 모든 사람에게 좋게 여김을 받았다. 윗사람과 아랫사람, 그리고 모두에게 인정받는 신앙의 소유자를 우리는 원한다.

4) 작은 일에 충성한 자다. 하나님은 이러한 자에게 앞으로 더욱 큰일을 맡기신다.

평상시 내가 외치는 세 가지가 있다. 먼저는 하나님께 신앙을 인정받아야 하고, 그 다음 사람에게도 신임을 받아야 하며, 물질 관계에서는 신용이 있어야 한다는 것이다.

2년이란 기간은 길다면 길고 짧다면 짧은 기간이다. 그 기간에 하나님과 감리회 앞에 귀한 업적을 남겨, 히스기야가 장사되었을 때에 온 유다와 예루살렘 거민이 저를 다윗 자손의 묘실 중 높은 곳에 장사하여 저의 죽음에 존경함을 표하였던 것 같이, 후손들에게 존경받는 일꾼들이 되기를 기대하며 기도드린다.

부흥사의 기둥

주님께서 소아시아 일곱 교회 중 빌라델비아 교회에 보낸 말씀 가운데 "네가 적은 능력을 가지고도 내 말을 지키며 내 이름을 배반치 아니하였도다. 내가 속히 임하리니 네가 가진 것을 굳게 잡아 아무나 네 면류관을 빼앗지 못하게 하라."라는 말씀이 있다. 아울러 이기는 자는 내 하나님 성전의 기둥이 되게 하겠다는 말씀이 귀에 들려오는 듯하다. 적어도 기둥이라고 하면 굵고, 곧고, 썩지 않아야 하며 주추 위에 서야 하고 큰 것을 버티며 직선으로 서야 한다. 건축을 할 때 제일 중요한 것이 기둥이다.

비록 나와 소속된 교파는 다르지만, 부흥사의 기둥이라고 여기는 ㈜한국기독교부흥협의회 증경회장이신 강풍일 목사님이 계시다. 강 목사님이 제30대 대표회장으로 일하실 때 회계로 가까이에서 뵐 기회가 많았다.

내가 느낀 강 목사님은,

1) 리더십이 탁월하시다. 일을 무척 좋아하신다. 부흥협의회가 30주년을 맞이했을 때 30가지 목표를 정하고 행사를 했는데 빈틈없이 일을 마치셨다. 그리고 '리버티신학대학'을 통하여 많은 사람들을 능

력 있는 종으로 양육하고 계시는데 추진력, 친화력, 행정력이 매우 뛰어나시다.

2) 신앙이 곧고 분명하시다. 부모님이 돌아가셨을 때도 형제들을 각자 본 교회로 가게 해서 주일을 성수하고 다시 오라고 하셨다고 한다. 남들이 볼 때는 당연할 일이겠지만, 막상 닥치고 보면 쉽지 않은 일일 것이다.

3) 물질관이 깨끗하시다. 인류가 시작할 때부터 돈은 약한 인간을 유혹하여 타락하게 하는데, 한기부 회계로 있을 때 목사님을 옆에서 지켜 본 느낌은 참으로 깨끗하시다는 것이었다. 언젠가 부산에서 열리는 부부 수양회에 참석하기 위해 공항에 갔는데, 우연히 그곳에서 목사님을 만나게 되었다. 표를 끊어 드리려 하자 굳이 사양을 하시고는 오히려 사 주셨다.

4) 후배들을 잘 챙겨 주신다. 목사님은 후배들이 잘 성장할 수 있도록 여러 방면으로 길을 열어 주시는 분이다.

5) 건강하시다. 그 바쁜 생활 속에서도 운동을 열심히 하며 건강을 챙기시는데 두 내외분 모두 적어도 10년은 젊어 보이신다.

6) 당당하게 살아가신다. 주님 안에서 모든 일에 자신감을 가지고 당당하게 살아가시는 모습이 후배들에게 귀감이 되신다.

7) 매사에 긍정적이시다. 약한 자 같으나 강하고, 없는 자 같으나 있고, 무명한 자 같으나 유명한 자이시다.

8) 있어야 할 자리에는 적극적으로 참여하신다.

9) 가정적이시다.

10) 의리가 있으시다. 언젠가 따님 결혼 예식에 참석을 하였다. 주례를 맡으신 목사님이 아주 유명한 목사님이셨는데, 그 당시 각종 루머로 시달리고 계실 때였다.

"지금까지 강 목사님과 함께 하신 하나님께서 남은 생애도 더 크고 귀하게 역사해 주시고, 모든 후배들이 본받아 그의 뒤를 이어가게 하옵소서."

사명 따라 살아가는 사람들

한 알의 밀알이 된 장로

"한 세대는 가고 한 세대는 오되 땅은 영원히 있다."고 전도자는 말한다. 또한 "사람이 사는 동안에 기뻐하며 선을 행하는 것보다 더 나은 것이 없는 줄을 내가 안다."고 하였다. 이 말씀을 떠올리고 있으면 문득 떠오르는 사람이 있으니, 지금은 이미 고인이 되신 이세복 장로님이시다.

내가 고등학교 2학년 때 아버지께서 강경지방 화정교회에 부임하셨다. 이 교회는 전형적인 농촌 교회였다. 그 당시 우리나라는 월남전에 국군을 파병하던 시절이었다. 일단은 지원병을 받고 그러고도 모자란 병력은 차출하여 보냈었다. 교인들은 새로 부임한 우리 가족에게 이세복 청년에 대한 이야기를 해 주었다. 시골 교회에 풍금이 없어서 그것을 장만하기 위해 그가 월남전에 지원했다는 것이었다. 교인들은 기도 시간마다 그가 무사히 돌아오길 기도하였다.

오랜 시간이 흘러 그가 귀국을 하였다. 시커먼 얼굴에 키도 작아 세상적으로 볼 때는 흠모할 만한 모습은 아니었으나, 그의 성품이나 신앙생활 하는 모습은 과연 모범적이고 귀하였다. 돌아온 그는 그동안 모은 십일조를 큰 봉투에 두둑하게 담아 제단에 드렸는데 모처럼

만에 시골 교회 재정이 여유롭게 돌아갔다. 또한 그는 기도의 사람으로 새벽 기도회, 철야 기도회 등 기도 생활에 모범을 보였고, 근면 성실하였으며, 목사님 말씀에도 절대 순종하였다.

그 당시 교회에서는 성적이 우수한 학생이 형편이 어려워 학업을 포기한 사람들을 가르치고 있었는데, 그는 가르치는 사람이 훨씬 나이가 어렸음에도 겸손한 자세로 배우는 일에 앞장섰다. 그는 5형제인데, 막내 동생이 홍성 금마교회를 담임하는 이안복 목사다. 또한 슬하에 남매를 두었는데 아들 이청원 전도사는 평택 성신제일교회에서 목회를 하고 있다.

하나님의 선하신 뜻이 어디에 있는지 다 헤아릴 수는 없지만, 이 장로님이 하나님의 부르심을 받아 아쉬움이 크다. 상수리나무가 베임을 당하여도 그루터기는 남아 있듯이, 장로님이 봉사하시던 일과 못다 이룬 일들은 후손들에 의해 계승될 것으로 믿는다. 앞으로 우리 감리교단에 이런 훌륭한 일꾼들이 많이 나와 부흥의 새로운 전성기를 맞이하게 되기를 기도드린다.

진짜 목사

우리 교회에 참기름 집을 경영하는 권사님이 계시다. 가짜 참기름이 많아서인지 진짜 참기름이건만 사람들이 잘 사려 하질 않는다고 하셨다. 어느 날 남대문 시장을 지나는데 눈에 띄는 간판이 있었다. 거기에는 '순 진짜 참기름 팝니다' 라고 쓰여 있었다. 그 간판을 보면서 마음이 씁쓸해지는 것을 느꼈다. 왜냐하면 정말로 그 기름이 진짜라면 굳이 '순 진짜' 라는 말을 써야 할 이유가 없기 때문이다.

일찍이 예수님께서도 제자 베드로에게 양을 맡기실 때 세 번이나 물어보고 맡기셨다. 예수님께서는 왜 세 번씩이나 확인하셨을까? 예수님께서 직접 뽑은 제자였음에도 믿기가 어려우셨던 것 같다. 어느 신학자는 세 번 부인한 베드로에게 세 번의 사랑한다는 고백을 통해 과거의 죄를 씻어 주시기 위한 깊은 뜻이 있다고 말하는데, 그건 주님께 여쭤 봐야 확인될 말이다.

예수님의 아버지 요셉이 '의로운 사람' 이라는 말에 나는 감동을 받았다. 그때부터 나는 혼자 518장 찬송인 '신자 되기 원합니다' 를 '목사 되기 원합니다' 로 바꾸어 자주 부르고 있다. "목사 되기 원합니다 이내 맘에 이내 맘에 목사 되기 원합니다 이내 맘에" 나는 진짜 목사 맞는가? 이 물음은 내가 늘 고민하는 물음이다.

어느 날 내가 대표회장으로 일하고 있는 감리교협성부흥협의회에서 미주 지역 성회를 하게 되어 시애틀에 가게 되었다. 일행 중에 전도사 시절부터 감리교 기도원에서 함께 목회 비전을 나누었던 양명환 목사(현재 예광교회 시무)가 있었는데, 그가 말문을 열었다. "내가 기도원에 있을 때 목사님들 가운데 내 아내가 끓여 준 된장국을 안 먹어 본 사람이 없을 것이다."라고 하면서, 덧붙여 말하기를 기도원에서 부흥강사 목사님들을 수없이 만났는데 지금 고인이 되신 이석주 목사님만은 진짜 목사님이라는 것이었다. "그러면 가짜 목사도 있냐?" 하고 물었더니, 말도 말라고 하면서 더 이상 말할 수 없다고 하였다.

"그러면 이석주 목사님은 왜 진짜 목사님이냐?"고 물었더니, 그분은 "눈물이 많은 목사, 기도를 많이 하는 목사, 욕심이 없는 목사, 남을 생각하고 배려하는 목사이기 때문"이라고 했다.

나도 양 목사의 주장에 고개를 끄덕였다. 이석주 목사님을 개인적으로 잘 알기도 하지만, 이석주 목사님께서 우리 교회에서 마지막 부흥회를 인도하셨기 때문에 나와는 특별한 인연이 있다고 생각한다. 그때 목사님이 우리 교회 성도 한 사람 한 사람을 향해 눈물을 흘리며 간절히 안수 기도 해 주시던 모습은 지금도 눈에 선하다.

나는 요즘 하나의 목회 기준을 정하여 살아가고 있다. 먼저는 '하나님이라면 어떻게 하실까?' 이고, 또 하나는 '나의 아버님이라면 어떻게 하실까?' 하는 것이다. 그만큼 아버님은 자식 된 입장에서 볼 때 존경받도록 사셨기 때문이다.

"주여! 저도 바울 사도같이 선한 싸움 싸우고 달려갈 길을 마치고 믿음을 지키므로 상 얻는 목회 생활을 하게 하옵소서."

아버지의 영성

"손양원 목사님과 같이
두 아들 죽인 원수를 아들로 삼은 믿음은 못 되지만,
아브라함 같이 아들을 번제로 드리는 믿음은 아니지만,
두 아들 주님께 드리오니 받아주시고 축복하옵소서."

1등 행운

요즘 우리나라 경제가 어느 때보다 어려움에 처해 있는 것을 피부로 느낀다. 이 때문에 지난 5.31 지방 선거에서 집권 여당이 참패하였다고 본다. 불안한 경제의 어려움을 극복하는 방법 가운데 하나가 소비를 줄이는 것이기에 가급적 외식을 삼가려고 노력하는 중이다.

그런데 하루는 장남 남권이가 육회가 먹고 싶다는 것이었다. 그 소리가 계속 마음에 걸려 있어서 실컷 먹게 해 주고 싶은 마음에 생각해 낸 곳이 팔레스호텔 뷔페였다. 그런데 아내가 웬일로 63뷔페로 가자고 하여 큰맘 먹고 63으로 가게 되었다. 과연 서민들이 찾기에는 생각했던 것보다 가격이 비쌌고, 아내는 왔어도 편치 않은 눈치였다.

때마침 새롭게 단장하여 오픈 기념으로 행운권을 추첨한다고 하기에 혹시나 하는 기대감으로 자리에 앉았다. 그런데 얼마 되지 않아 "전○○ !" 하고 외치는 것이었다. 아들 남권이는 본인이 당첨된 줄 알고 "와!" 하며 일어났는데, 다시금 자세히 들어보니 다른 사람의 이름이었다. 상품은 월드컵을 앞두고 있어서인지 국가대표 선수들이 사인한 종이였다. 내게는 그런 종이는 아무리 많아도 별 소용이 없는 것들이었다. 계속 당첨자 이름을 부르며 선물을 증정했는데 부러운 상

190

포도원의 품꾼으로

품은 하나도 없었다.

드디어 1등 행운권 한 장만이 남았다. 한 장밖에 없다고 하자, 이젠 여유로움도 사라지고 가슴이 더 떨려 왔다. 간절히 당첨되기를 원했는데 정말로 내가 당첨이 되었다. 임 장로님을 비롯하여 63에서 점심 식사하는 모든 사람 앞에 목사가 나가서 받자 하니 어색한 느낌이 들었다. 그러나 어색함을 감추고 침착하게 나가서 선물을 받았다. 선물은 뷔페 식사권 두 장이었다. 금액으로 보면 별 것 아닐 수 있지만 그 어느 선물보다 값지고 귀했다. 그 당첨은 괜히 왔다는 마음을 한순간에 싹 사라지게 해 주었다. 우리 부부는 동시에 의견이 일치되어 장남에게 말했다. "네 동생 남욱이가 며칠 있으면 휴가 나온다 하니 둘이서 이 표로 식사하거라. 이왕이면 가격이 비싼 저녁 뷔페로 말이야."

과거에는 행운권 따위에는 관심도 없고 당첨되는 일도 거의 없었다. 약 30년 전에 처음으로 당첨되는 기분을 맛본 적은 있다. 어느 날 말쑥하게 차려입은 한 신사가 버스에 오르더니 앉아 있던 사람들에게 종이를 나눠 주면서 번호를 빠르게 부르는 것이었다. 그러더니 번호가 불린 사람들은 행운권에 당첨된 것이기에 물건을 무료로 준다는 것이었다. 마침 내 번호가 당첨되어 순간 좋아했던 기억이 있는데, 나중에 알고 보니 행운권을 미끼로 물건을 파는 그런 수법이었다. 그리고 몇 년 전에 여주기도원에서 산상집회가 열렸을 때 텔레비전에 당첨된 일이 있다. 그때도 매우 기뻤지만 가장 먼 전라도 순천에서 올라오신 개척 교회 목사님이 계셔서 그분께 그 텔레비전을 드린 적이 있다. 대신 받고 무척 좋아하시던 모습이 지금도 눈에 선하다. 그날, 사모님들 사이에서 "전 목사님, 짱이야!"라는 소리가 있었다고 한다. 그 말에 매우 흐뭇해 글을 쓰게 되었는데, 그 글의 열매가 시중에 나와 있는 「목사님 짱이야!」라는 책이다.

하나님이 함께하시면 안 될 것도 되고 하나님이 도와주지 않으시면 될 것도 안 되는 것이다. 금번 일로 인해 하나님의 세심한 사랑을 다시금 느끼게 되었고 더욱 주님 뜻대로 살아야겠다고 다짐하는 기회가 되었다.

"주여! 언제 어디서나 주님의 도움을 받고 살게 하옵소서."

아들을 군에 보내면서

해마다 6월이 오면 생각나는 노래가 있다. '아아 잊으랴! 어찌 우리 이 날을 조국의 원수들이 짓밟아 오던 날을…' 그런데 올 6월에는 가수 남진의 '가슴 아프게'가 생각난다. 얼마 전 현충원 앞을 지나다 보니 다른 때는 잘 보이지 않던, 앞서 간 영령들을 추모하는 문구가 바람에 휘날리고 있었다. 그 문구들을 읽고 있자니 나라와 민족을 위해 목숨을 바친 애국애족의 장병들이 떠올랐다. 아름다운 조국을 꿈꾸며 눈 감았을 그들의 간절한 소망에 우리는 어떤 모습으로 보답하고 있는가?

"사람이 친구를 위하여 자기 목숨을 버리면 이보다 더 큰 사랑이 없다."(요 15:13)고 주님은 말씀하셨다. 얼마 전 보도된 내용을 보니 이 나라에 전쟁이 일어날 경우 군대를 지원하지 않겠다는 숫자가 10년 전에는 20%이었는데 지금은 45%로 늘었다고 한다. 매우 심각한 일이다. 심지어는 병역 의무 때문에 국적을 포기하는 일도 흔히 볼 수 있다. 주로 고위층의 집에서 이런 일이 일어남을 볼 때 매우 안타깝다.

나 또한 논산 훈련소에서 훈련을 마치고 춘천 103보를 거쳐 강원도 양구 21사단 교육대에 떨어졌을 때, '훈련은 전투다'라는 문구를 보며 '도대체 내 죄가 얼마나 크기에 이런 곳까지 왔나!' 하며 신세 한 탄을 했었다. 그 기억이 아직도 생생하건만 어느덧 세월이 흘러 이제 는 둘째 아들이 군대에 가기 위해 대기하고 있다. 맏아들을 의정부 306부대에 보내게 되었을 때는 "여름아 빨리 가라. 2년 6개월아 빨리 가라." 하고 혼잣말을 하기도 했다.

며칠 전 신학을 공부하는 막내아들에게 입대 통지서가 날아왔다. 병역을 피하기 위해 국적을 포기한 사람들 이야기로 시끄러운 이때 입대하라는 편지를 받고 보니 괜히 씁쓸한 마음이 들었다. 그러나 용 기를 내어 아들에게 "축하합니다! 축하합니다! 영장이 나왔습니다." 하고 전화를 했다.

이미 각오야 되어 있겠지만 잠을 자고 일어났을 때마다 며칠 남았 다고 말하는 아들을 보고 있자니 마음이 아팠다. 장남 때는 처음이니 까 그렇다 해도 차남은 그렇지 않으리라 생각했는데, 부모의 아픈 마 음은 숨길 수가 없다. 물론 조금 지나면 괜히 염려했다는 생각이 들 것이라는 것도 안다. 아들을 군에 보내는 마음도 아프지만, 분단된 조 국을 두고 국적을 포기하면서까지 병역 의무를 피하려는 그들을 보면 더욱 가슴 아프다.

"내가 산을 향하여 눈을 들리라. 나의 도움이 어디서 올까. 나의 도 움은 천지를 지으신 여호와에게서로다."(시 121:1~2)

오직 하나님만이 해결자이심을 믿고, 우리 교회는 6월을 '다니엘 세이레 특별 새벽 기도회'로 선포하고 다섯 가지 기도 제목을 정하였 다. 그 중 첫째는 '나라와 민족의 화합과 안정'이다. '멀리 가서 이방 사람 구원하지 못하나 네 집 근처 다니면서 건질 죄인 많도다'하는 찬송가 가사처럼, 군에 가서 조국을 지키지는 못한다 할지라도 이 나라와 민족 그리고 통일을 위해 기도하는 것이야말로 신앙인이라면 마땅히 해야 할 일이 아니겠는가!

군대 갈 아들에게 일편단심 전해 주고 싶은 말은 이것이다. 첫째, 어떤 일이 있어도 주일을 성수할 것. 둘째, 아무리 적은 봉급이라도 십일조는 철저히 드릴 것. 셋째, 살아 계신 하나님이 너를 지키시니 어떠한 어려움 속에서도 인내하면 반드시 좋은 날이 온다.

한국의 모든 아들들아! 군복무 기간이 지나고 나면 그 시간이 결코 헛되지 않음을 알게 될 것이니, 미래의 꿈을 꾼 요셉처럼 너희도 꿈꾸며 인내하며 맡겨진 일에 충성을 다하거라.

가급적이면
수요 예배에 나오지 마세요

나는 누구보다도 잘 떤다. 신학교 입학을 주저했던 이유도 어쩌면 이 때문이라고 말할 수 있겠다. 오죽하면 나는 은사 중에 떠는 은사도 있다고 말할 정도다. 학창 시절 여학생을 길에서 만나면 떨고 있는 얼굴을 안 들키기 위해 두 손으로 굳어진 얼굴을 풀어 준 후에 지나갔을 정도다.

그런 내게 70년대 초 아버지가 목회하시던 강경지방의 화정교회에서 했던 첫 설교와 1974년 첫 목회지인 성민교회에서 한 첫 설교는 평생을 잊을 수가 없다.

내가 목회 일선에 선 세월도 어언 25년이 넘었고, 부흥사로 복음 들고 다닌 지도 15년이 되었다. 막내아들 남욱이가 금년에 신학대학에 들어가고 보니 3대째 목회자의 대를 잇게 되었다. 더욱이 아들과는 동문이 되었다.

올해부터는 지난 시절의 나를 생각하며 신학생들에게 주일 오후에 설교할 수 있는 기회를 주었다. 훈련시키는 목적은 설교에 대한 부담을 일찍 해소하기를 바라는 마음에서다. 순서대로 정하다 보니 1학년인 아들은 마지막이 되었다. 상의하지 않고 주보에 냈다가는 낭패를 볼까 싶어 아들에게 말을 건넸다. "남욱아, 너도 알다시피 순서대로 다 설교를 하는데 너만 아들이라고 빼면 되겠냐? 그러니 설교집이라도 보고 해라." 하고 권했더니 대답이 없다. "그러면 사람들이 적게 모이는 수요일 저녁은 어떻겠냐?" 하고 물었더니, 그제서 하겠다고 대답했다. 그러면서 하는 얘기가 "설교는 아래 강대상에서 할 건데 가급적이면 성도님들이 안 나왔으면 좋겠어요."라고 하는 것이었다. 아버지 목사는 교인 하나라도 빠질 새라 신경이 곤두서 있는데 자식 놈은 성도들이 안 나왔으면 좋겠다고 말하니, '그 집안 되는 집안이구나!' 하는 생각에 웃음이 나왔다. 아마 하나님도 웃으셨을 것이다.

이 이야기가 교인들에게 전해지자 순박한 것이 오히려 좋다면서 수요일에 안 나오던 성도들과 친척들까지 그날은 필히 나오겠다고 야단들이다. 난 그 주간 여주기도원에 있어야 했다. 어떻게 할까 고민하다 안 내려오기로 결심했다. 아들 남욱이에게 8월 25일(수)은 역사에 길이 남는 날이 될 것이다.

예수님을 이 땅에 보내신 아버지 하나님의 심정이나, 믿음의 조상 아브라함이 독자 이삭을 드릴 때의 심정이나, 지금 그리스 아테네에서 메달 경쟁을 벌이고 있는 선수나 그 가족들의 심정은 여느 사람들의 심정과는 분명 다를 것이다.

본인도 몸이 달았는지 A4 용지 한 장 조금 넘는 양의 설교문을 작성한 후 봐 달라고 하였다. 본문은 디모데후서 2장 1~6절이었고, 설교 제목은 '충성된 사람이 되자'였다. 예화는 괜찮은 것 같은데 설교 내용은 책을 보고 베낀 거 같았다. 과연 이 내용을 본인이나 이해하고 전하게 될는지 궁금하기만 하였다. 어쨌든 설교할 시간은 점점 다가 왔고 난 여주기도원에서 간절히 기도하였다. "하나님, 우리 남욱이가 부디 첫 설교를 은혜롭게 잘 전하여서 성도들은 은혜 받고 남욱이에 게는 자신감이 생기게 해 주옵소서."

목회자의 생명은 설교인데, 여전히 어렵다. 누가 나를 알아주지 않 아서가 문제가 아니고 능력이 부족한 것이 문제다. 오늘도 나는 "하나 님께 우리 아들 붙들어 주옵소서." 하고 기도한다.

포도원의 품꾼으로

결혼기념일

5월이 되면 가장 먼저 떠오르는 단어가 '가정'이다. 어린이날, 어버이날, 스승의 날이 있기 때문이다. 게다가 금년에는 국회에서 21일을 '부부의 날'로 제정하여 공포하였는데, 둘이 하나라는 뜻을 담고 있다.

우리 모두는 자녀들에게 효도 받고 싶을 것이다. 그러려면 먼저 내 부모에게 효를 실천해야 한다. 즉 내가 먼저 모범을 보여야 한다. 자식에게 행복한 가정과 부부 사랑을 가르치고 싶다면 두말할 나위 없이 내가 먼저 모범을 보여야 한다.

인생사에는 많은 기념일들이 있다. 그 중에서도 대부분의 사람들이 생일과 결혼기념일에 더욱 신경 쓰는 것을 보면 중요한 날임이 분명하다. 보통의 생일엔 케이크를 먹으며 가족끼리 단출하게 보내는가 하면 회갑이나 칠순, 팔순을 맞이하면 친척과 이웃을 초청하여 성대하게 잔치를 베푸는 것이 인지상정이다.

그렇다면 각 가정의 결혼기념일의 모습은 어떠할까?

내가 결혼한 지도 어언 28년이 지났다. 그동안 바쁘다는 핑계로 결혼기념일이 되면 밖에 나가 식사하거나 아니면 금일봉에 몇 자 적어 전해 주던 것이 고작이었다. 그런데 얼마 전 모임에 나가 좋은 아이디어를 얻게 되었다. 나와 같은 지방에 계시는 고 감독님께서는 결혼기념일을 맞이하여 아내에게 여행이나 하루 다녀오자고 하였다가 부부 사랑이 수직 상승하게 되었다는 말씀을 하셨다. 당신이 그럴 때도 있냐고 하며 사모님이 매우 들뜨며 좋아하셨다고 한다. 동해안을 한 바퀴 돌고 하루 쉬고 왔는데 참 좋았다고 하셨다.

고 감독님께서 제공해 주신 아이디어가 내 머릿속에서 아직 사라지지 않고 있을 때, 결혼기념일을 맞이하게 되었다. 그리하여 지난 해 처음으로 KTX를 타고 부산에 내려가 자갈치 시장과 해운대를 둘러보고 비행기로 올라왔다. 사정상 서울에 와야 해서 잠은 집에서 잤다. 어설픈 감도 있긴 하지만 그래도 그게 어디인가!

이번 기념일에는 온양에 계시는 서석근 목사님이 내려와서 쉬고 가라 하셨는데, 이번에도 사정이 있어 가지는 못하고 대신 서울에 있는 모텔에서 잠을 잤다. 모르는 사람과 자는 곳이 모텔이라는데 아내와 자니 얼마나 행복한가? 이렇게라도 하고 나니 아직도 부족하긴 하지만 그래도 남편 된 도리를 한 거 같아 마음이 편해졌다. 자식들에게도 교육이 되었을 것으로 여겨진다.

얼마 전 의미 있는 이야기를 들었다. 예산지방 덕산제일교회에 계시는 홍선기 목사님은 은퇴가 얼마 안 남은 연세이신데도 불구하고 결혼기념일이 되면 매해 한 번도 거르지 않고 주례를 해 주신 유중경 목사님을 찾아뵙고 인사를 드린다고 한다. 지금 유 목사님은 돌아가셔서 안 계시는데도 여전히 찾아가 사모님을 뵙는다는 말을 들었을 때는 고개가 절로 숙여졌다. "열 사람이 다 깨끗함을 받지 아니하였느냐. 그 아홉은 어디 있느냐." 하시던 주님의 음성이 들리는 것만 같아 가책이 되었다.

그런가 하면 웃음이 나오는 일도 있다. 수 년 전 일본인 남녀가 한국의 목사님으로부터 주례를 받고 싶다고 하여 주례를 해 준 적이 있었다. 어느 날 그들이 다시 한국에 나왔다면서 인사를 오겠다는 연락을 해 왔다. 은근히 무슨 선물을 받게 될까 하는 기대감이 생겼다. 이왕이면 일본은 전자제품이 유명하니 소니 녹음기를 받았으면 좋겠다고 내심 기대를 했는데, 그들로부터 받은 선물은 고급 술 한 병과 과자 한 봉지였다. 아무리 비싼 술일지라도 나에게는 무용지물이니⋯. 그러나 감사할 줄 아는 일본인에 대해서는 다시 한 번 생각하는 계기가 되었다.

"여호와께서 내게 주신 모든 은혜를 무엇으로 보답할꼬 하였던 다윗과 같이 은혜를 기억하고 사는 종이 되게 하옵소서."

오늘도 나의 부족을 고백하며 노력해 본다.

네가 좋은 길을 걷게 되었구나!

나의 아버님은 평소에 "열 번 남자로 태어나면 열 번 목사하고, 열 번 여자로 태어나면 열 번 사모를 하겠다."고 자주 말씀하셨다. 처음에는 이런 말을 들으면 "가난한 목사가 뭐가 좋으냐!"고 말하던 나였지만, 막상 하나님의 은혜로 주의 종이 되고 보니 그 말씀이 가슴에 와 닿는다.

며칠 전 신문을 통하여 신학교 동창인 한성언 목사의 기사를 접하였다. 한 목사는 5남매인데 5남매 모두가 감신 동문이 되어 모두 목회의 길을 걷고 있다고 적혀 있었다. 순간 뭉클하였다.

"한 세대는 가고, 한 세대는 온다"는 솔로몬의 말과 같이 아버님이 하늘나라에 가신 뒤 내가 그 위치에서 장성한 아들들을 보니 그들의 진로와 결혼 등 걱정이 이만저만이 아니다. '어른 노릇 하기가 쉬운 것이 아니구나!' 하는 생각이 든다. 나보다 앞서 일을 치르신 분들을 보면 하나님께서 다 인도해 주셨음을 알긴 하지만, 어쨌든 존경심마저 든다.

내 막내아들 남욱이는 고 2때 담임선생님과 진로 문제를 상담하는 가운데 아버지도 원하고 본인도 원하니 신학을 하겠다고 하여 검도를 중도에 포기하고 협성대학교 신학과에 입학하였다. 아버지의 뒤를 이어 동문의 길을 걷게 되었다. 잘 적응하던 중에 지금은 병역 의무를 감당하고 있다.

문제는 장남인데, 본래 성격이 나와는 판이하게 다르고 체구도 크고 검도를 하여 대학에 안전경호학과 특기생으로 입학하였다. 그러나 난 이 모든 것이 눈에 들어오지 않았고 오직 목회하는 것만을 원했다. 이런 아버지의 마음을 모르는 아들은 전혀 반응을 보이질 않았고 사업해서 돈이나 벌겠다고 했다. 친척들도 맏아들은 사업에 수완이 있어 보인다고 했으나 나만은 끝까지 아니었다. 겉으로는 모든 것을 하나님께 맡긴다고 말하면서도, 속으로는 신학을 해야 한다고 강한 어조로 말하고 있었다.

어느 날 아들은 어느 전도사를 지칭하며 "나도 ○○○ 전도사처럼은 하겠네. 아빠같이 하려니까 못하는 거지."라고 말하였다. 처음으로 가능성을 보여 준 유일한 말이다. 그 후 대학을 졸업하고 사회 진출을 준비하던 중 때마침 한국에 나온 선교사를 따라 영어와 인생 공부를 할 겸 1년 코스로 필리핀을 보냈는데 아들로서는 대단한 결심을 하고 떠난 것이었다. 떠난 지 40여 일 되었을 무렵, 교도소보다도 더 힘이 든다는 소식을 전해 왔다. 그렇게 힘들면 들어오라고 했더니 "한국에 가서 신학대학원이나 들어갈까?" 하는 것이었다. 우리 부부는 한없이 기뻤다. 그런데 막상 한국에 들어와서는 언제 그랬냐는 식으로 바뀌었다.

그 즈음 협성대학원에서 추가 모집이 있으니 추천하라는 연락이 왔다. 난 아들에게 "네가 신학대학원 갈까 하는 마음을 가진 적이 있으니 부담 갖지 말고 목회 안 해도 좋으니 이왕이면 신학대학원 가서 신학을 공부해라. 신학은 하나님을 배우는 것이니 목사 아들로서 좋지 않느냐?"라고 물었다. 아들은 좋다 싫다 아무 대답이 없었다.

그 후 나는 두 아들과 동문이 되었다. 하나님의 사업에 동역자의 길을 준비하게 된 것이다. 다행스러운 것은, 생각보다 학교생활을 잘하고 있다는 것이다. 아들을 보고 있노라면 '네가 하나님의 은혜로 좋은 길을 걷게 되었구나!' 하고 혼잣말을 하게 된다. 우리 가정은 요즘 웃음꽃이 피었다. 군대 간 막내에게 형이 신학대학원에 갔다고 했더니, 대뜸 "진짜요?" 하며 믿을 수 없다는 반응을 보였다. 우리 교회에서 전도사로 있다 단독 목회 나간 이희숙 전도사는 이 소식을 듣고는 '놀랍네요, 축하해요' 하는 글을 보내 왔고, 동역자인 양명환 목사는 "둘 다 목회의 길을 가니 목회 성공하셨네요!" 하며 같이 기뻐해 주었다. 복음가수 김석균 전도사님도 축하해 주면서 본인의 두 자녀 또한 아버지의 뒤를 이어 음악을 한다고 하였다.

"주여! 감사합니다. 비록 손양원 목사님과 같이 두 아들 죽인 원수를 아들로 삼은 믿음은 못 되지만, 또한 아브라함 같이 아들을 번제로 드리는 믿음은 아니지만, 두 아들 주님께 드리오니 받아주시고 축복하옵소서."

마음속에 살아 계신 아버지

아버지께서 돌아가셨을 때 목사임에도 불구하고 어떻게 살아갈까 하는 걱정이 많았습니다. 그동안 아버지를 많이 의지했기 때문입니다. 그러나 세월은 여전히 흐르고 저 또한 바쁘게 살다 보니 아버지에 대한 그리움이 점점 엷어져 가는 거 같아 죄송함을 느낍니다. 그리고 문득 떠오를 때면 자식으로서 제대로 효도 한 번 못한 것이 항상 제 마음을 무겁게 합니다. 그럼에도 제가 위로를 받는 것은, 아버님을 다시 만날 수 있다는 소망이 있기 때문입니다. 아버지께서 좀 더 오래 사셨더라면 하는 아쉬움은 있지만 혼란스러운 세상을 보고 있노라면 어쩌면 하늘나라에서 편히 계시는 것이 더 나을지도 모른다는 생각이 드는데, 이 생각이 결코 불효가 아니길 바랍니다. 4년 전 12월 하늘나라에 가신 아버지께 글을 올립니다.

첫째는 해아 아빠가 한국에 들어왔습니다. 쉽지 않은 경쟁을 뚫고 외무부에 발령을 받아 근무하고 있고, 주일 오전은 외국인 교회에서 예배를 드리고 오후에는 서광교회에 와서 예배를 드리고 있습니다. 동생 윤숙이는 해아 학교 문제로 내년에나 들어온다고 합니다.

어머니는 주일마다 가족들이 모여 식사하는 기쁨으로 살아가시는 것 같습니다. 벌써 여러 차례 모여 드라이브도 할 겸 일산에 가서 식사하면서 즐거운 시간을 보냈습니다. 또한 11월에는 동생 은규가 마련한 아파트로 이사하셨고, 어머니가 사시던 집은 형님이 들어오기로 했답니다. 아버지는 어려운 시절에 목회 생활을 하셨는데, 그 덕에 자녀들이 다 복 받으며 살고 있는 거 같습니다. 의인의 자손은 망하지 않는다고 하셨는데 우리 가정이 그런 것 같습니다.

둘째는 아들 남욱이가 올해 대학에 들어갑니다. 지난 번 남욱이 담임선생님과 학교에서 진학 상담을 했는데, 남욱이가 아버지도 원하고 본인도 원하니 신학대학에 가겠다고 했다고 합니다. 남욱이는 성품이 온유하고 착하여 학교에서 선행상도 받았고, 검도는 2단이고, 악기도 잘 다루는 편이라 신학대학에 입학만 하면 학교생활에 잘 적응하리라 믿습니다. 지난번 김진호 감독회장님이 '조부 전병권 목사와 아버지 전태규 목사의 지도를 받아 훌륭하게 자랐다'는 내용으로 추천서를 써 주셨습니다. 이젠 우리 가정에 목사가 3대째 이어질 예정입니다.

셋째는 12월 4일이면 제가 협성부흥협의회 대표회장이 됩니다. 이미 300만 총력전도 부흥선교회 상임총무로 열심히 일하고 있고, (사)한국기독교부흥협의회 총회에서 상임총무로 임명받아 내년에는 더 왕성하게 일하게 되었습니다. 기쁜 일입니다. 일을 할 때마다 하나님께 지혜를 구하면서 성실한 자세로 임하고자 합니다. 힘든 일이 있을 때면 '하나님이라면 이 상황에 어떻게 하실까?' 또는 '아버지 같으면 이 상황에 어떻게 하실까?'를 생각하며 열심히 일하고자 합니다.

그리고 그동안 신문에 기고했던 원고를 정리하여 칼럼집을 출간

하려고 준비 중에 있습니다. 책 제목은 「목사님, 짱이야!」라고 붙여 볼까 합니다. 이 말은 아버님께서 평소 자주 하셨던 말씀과 같이, 목회는 참으로 귀하고 좋다는 의미를 가지고 있습니다. 이 책을 통하여 목사는 교회 안에서 뿐만 아니라 교회 밖 사람들에게도 존경받아야 함을 알려 주고 싶습니다.

작년에도 그랬지만 금년에도 이 글을 〈새누리신문〉에 기고하여 아버님 4주기 추도 예배 때 가족들 앞에서 읽을까 합니다. 작년 3주기 때도 글을 올려 드렸는데 어느 새 4주기가 되었네요. 참으로 세월은 빠르군요. 행여 허송세월을 보내지는 않았는지 우려하면서, 다시 한 번 예수 그리스도를 통하여 우리에게 주신 목표와 목적을 분명히 알게 하심에 감사드립니다. 우리 모두는 하나님께로부터 왔으니 마땅히 하나님께 영광 돌리는 삶을 살다가 하나님께로 돌아가야지요.

아버지! 두서없이 마음속에 있던 생각을 글로 옮겨 보았습니다. 내년에 다시 올리겠습니다.

백만 불짜리네요!

　하나님께서 각자의 재능에 따라 골고루 달란트를 맡겨 주셨다는 사실은 기독교인이라면 누구나 알고 있을 것이다. 이는 우리에게 주신 것에 대하여 감사하라는 말일 것이다.

　나는 하나님이 주신 것들 중에 아쉬운 점이 몇 가지 있다. 난 키가 작고 얼굴이 검은 편이다. 그 외에도 많이 있는데 다 말하고 싶지는 않다. 감사해야 할 점도 있는데, 손이 예쁘다고들 한다. 그리고 자연적으로 만들어진 쌍꺼풀이 있고, 머리는 드라이가 필요 없는 반곱슬이다. 또한 어렸을 때는 음성이 좋다는 소리를 들었는데 그 좋은 얘기를 최근까지 잊고 살아왔다.

　얼마 전 내가 사는 아파트에 들어서는데 조합장과 어느 여자 분이 내게 인사를 건네 왔다. 그이는 우리 교회 이인숙 권사를 잘 안다고 하며 인사를 하였다. 그러잖아도 이인숙 권사님이 친구처럼 잘 지내는 분이 나와 같은 아파트에 살고 있다는 이야기를 하여 알고 있었다. 서글서글하고 성격이 꽤 밝아 보였다. 교회에 나오시라고 했더니, "모든 사람이 다 그렇지는 않겠지만, 예수 믿는 사람들이 본을 보이지 않아 싫어졌다."는 말을 하였다. 그러면서도 이인숙 권사는 매사에 빈틈이 없고 훌륭하다며 칭찬을 아끼지 않았다.

　그리고는 곧이어 "목사님 음성은 백만 불짜리네요!"라며 나를 칭찬하였다. 백만 불을 우리 돈으로 환산하면 얼만지는 모르겠지만 큰 돈임에는 확실하다. 그때부터 나는 괜히 어깨가 으쓱해지고 기분이 좋아졌다. 그 순간 '아하! 하나님이 나에게 좋은 선물을 주셨구나!' 하고 생각했다. 어렸을 적에 들었던 말이 그제서 다시 생각났다. 처음 들은 칭찬은 아니었기에 그날 들은 칭찬에 의심은 하지 않기로 했다. 부흥회에 가서 조금만 소리 내어 외치다 보면 음성이 금방 가라앉아 늘 불편했다. 그래서 음성 탓을 많이 했는데, 앞으로는 감사만 하려고 한다.

　"주님! 제가 비천에 처할 줄도 알고 풍부에 처할 줄도 알아 모든 일에 배부르며 배고픔과 풍부와 궁핍에도 일체의 비결을 배우게 하옵소서."

신학생의 각오

전남욱

저는 신학과 04학번 전남욱입니다. 어려서부터 운동하기를 좋아했고 친구들과 운동장에서 뛰어놀다 보면 하루해가 어떻게 가는지도 모를 정도로 즐거웠습니다. 그러던 중 초등학교 3학년 때 검도장을 다니게 됐습니다. 그것이 계기가 되어 중학교 때는 검도 특기생으로 운동부 활동을 할 수 있었습니다. 하지만 이렇게 좋아했던 운동이었는데도 합숙 생활과 훈련 그리고 시합은 저의 심신을 힘들게 했습니다.

시합은 항상 주일날에 있었는데, 그러다 보니 가족에게 늘 미안할 뿐 아니라 주일 성수를 하지 못하는 데서 오는 압박감이 갈수록 커져만 갔습니다. 왜냐면 저희 가정은 목회자 가정이기 때문입니다. 아버지는 서광감리교회 전태규 목사님이신데, 늘 아버지의 뒤를 이어 목회자의 길을 가길 소망하고 계셨거든요. 아버지는 글쓰기를 즐겨하시는 데 반하여 어머니는 활동적이십니다. 그런 어머니의 성향을 형과 제가 닮아서 둘 다 운동을 좋아하고 형은 경호학과를 다녔을 정도로 적극적이었습니다. 그러나 이제는 형도 저도 협성대학에서 신학을 공부하는 학생이 되었습니다.

저는 고등학교 2학년 때 신학을 결심하게 되었는데, 그 이유는 운동에 대한 비전을 찾을 수 없었기 때문입니다. 운동은 더 이상 즐거움을 주지 못했고, 운동을 하면 할수록 더 나은 성적을 내야 한다는 부담감이 저를 짓누르기 시작했습니다. 그래서 심사숙고한 끝에 신학의 길을 선택했습니다. 할아버지도 아버지도 목회자이셔서 신학에 대한 거부감도 없었고 부모님도 좋아하셨습니다. 제가 신학의 길로 들어선 것은, 저의 뜻이 아니고 주님께서 인도하신 것임을 깨닫습니다. 이제는 그 사명을 감당하는 자세를 착실히 다지고 있습니다.

현재 저는 학생부를 담당하고 있습니다. 작년에는 축구선교단을 창단해서 운동을 좋아하는 청년들과 학생들을 대상으로 전도에 활용하고 있습니다. 올해는 검도도 가르칠 계획입니다. 이렇게 쓰시려고 제게 운동을 배우게 하신 것 같다는 믿음이 있습니다.

지금도 가끔 힘이 들거나 지칠 때면 도장을 찾습니다. 온 몸이 땀범벅이 되면 에너지가 가득 충전되는 느낌이 들면서 기분이 좋아지고 살아 있다는 감사가 우러납니다. 이번 학기에 호신술 과목을 듣게 되는데 많은 기대와 설렘이 있습니다. 이 과목을 듣는다고 했더니 교회 여자 청년들이 가르쳐 달라고 졸라 댑니다. 검도를 통해 많은 예절과 인내심을 배웠다면, 이번 호신술은 심신 단련은 물론 학교생활에 큰 활력소가 될 거 같습니다.

최근 토요일 오후에 교사들과 함께 아이들을 전도하기 위하여 교회 가까이에 있는 대림초등학교에 갔었습니다. 이미 여러 교회에서 나와 선물 공세를 펴며 아이들을 전도하고 있었습니다. 그 아이들의 마음을 사로잡기에는 우리 교회에서 준비해 간 선물이 초라한 듯하여 차라리 숨기라고 했습니다. 그리고는 운동장을 둘러보는데 축구 골대가 없었습니다. 곧바로 미니 축구 골대를 주문하여 봉고차에 싣고 학교에 갔더니 20여 명 정도가 모여들었습니다. 같이 뛰기도 하고 심판도 봐 주면서 놀다 보니 자연히 친해지게 되었습니다. 이렇게 하여 아이들을 전도하게 되었고, 지금은 축구단 창단식까지 하게 되었습니다.

가끔 딱딱한 신학 공부가 힘든 것도 사실입니다. 그렇지만 신학생의 본분을 늘 잊지 않고 미래 재목을 준비하시는 주님의 세미한 음성을 듣기 위해 오늘도 겸손한 종의 모습을 배우렵니다.

아버지가 '성자 목사님'이셨대요

2000년을 한 달 앞두고 하나님의 부름을 받으신 아버님을 추모하는 뜻에서, 1년에 한 차례씩 작게나마 의미 있는 일을 하고 있다. 1주년 때에는 「주의 종이 되어 행복하게 살았네」라는 책을 출판하여 하나님께 감사 예배를 드렸다. 그 뒤로 1년에 한 차례씩 하늘나라에 가신 아버님께 편지를 써서 보고를 드리고 있는데 어느 새 9주년을 맞이하였다.

나는 아버님이 남기신 것 가운데 특히 가훈을 소중히 생각하고 있다. 붓글씨로 직접 쓰신 뒤 액자에 넣어 5남매에게 나눠 주셨다. 경천애국, 동기화목, 청렴결백, 금주금연, 근면성실을 한자로 써 주셨는데 이 세상을 살아가는 데 있어 큰 지침으로 삼고 있다.

이제 아버님께 지난 1년을 보고 드리려고 합니다. 지난여름에는 연합집회에 초청받아 여주에 가서 인도를 하였습니다. 아버님이 목회하셨던 청안교회와 지교회였던 삼교교회, 그리고 처리교회가 소속된 지방입니다. 집회 첫 시간에 아버님 이야기를 하였더니 청안교회 장병호 원로장로님이 찾아오셨더군요. 저 또한 청안교회에 방문을 하였습니다. 삼교교회 장로님들이 아버님을 잘 알고 계셨는데, 돌아올 때 어머님 갖다 드리라고 여주의 명물인 쌀과 고구마를 주시더군요.

　가정적으로는 아버님 외손녀 해아가 러시아가 CNN을 꿈꾸며 만들었다는 방송사 '러시아투데이'에 입사를 하였습니다. 러시아에서 처음으로 한국인 기자가 탄생했다는 기사가 조선일보에 나왔습니다. 서광교회 교인들과 가족 모두가 기뻐하며 한턱을 얻어먹기도 하였습니다. 대전에 사는 이모부는 신문을 보시다가 뉘 집 딸이 이렇게 잘 됐나 하고 보니 윤숙이 딸이더라고 하며 기뻐하시더군요. 이 모든 것이 아버님의 기도의 응답이라 믿습니다.

　10월 마지막 주에는 아버님과 논산에서 함께 목회하셨던 서재석 목사님이 계시는 은성교회에 집회 다녀왔습니다. 서 목사님도 이제는 은퇴가 2년 남았다고 하시며 준비하시는 모습이었습니다. 세월은 누구도 어찌할 수 없는 듯, 부흥사의 대부 신현균 목사님과 강달희 목사님이 하나님 품으로 가셨는데 아버님과 만나셨으리라 생각합니다.

　10월 30일에는 심원보 목사님이 한국기독교부흥협의회 대표회장으로 선출되셨고, 저는 상임부회장이 되었습니다. 심 목사님은 저보다 아버님을 더 좋아한다고 하시며 아버님을 성자 목사님이라고 하셨는데, 아들로서 긍지가 생기더군요. 아버님 손자 남권, 남욱이도 신학을 공부하고 있는데 저도 훗날 이런 말을 들을 수 있도록 진실하게 살아야겠다고 생각했습니다.

　바쁘게 살고는 있지만 아버님을 잊은 적은 없습니다. 아버님이 물려주신 신앙으로 모든 것을 이기며 열심히 주의 일을 하겠습니다. 그럼, 내년에 다시 보고 드리겠습니다. 편히 쉬세요.

아버님 전상서

아버님이 하나님 품에 안기신 지도 5년이 다가옵니다. 아버님! 손자인 남욱이가 협성대학교에 입학하였습니다. 아버님이 그토록 자랑하시던 감리교회 목사가 3대째 이어집니다. 지난 4월 28일부터 30일까지 제가 대표회장으로 몸담고 있는 협성부흥협의회에서 신학생 300인을 초청하여 영성집회를 열었는데 개회 예배 설교를 제가 하게 되었습니다. 남욱이가 있는 데서 설교를 하는데 얼마나 가슴이 뿌듯했는지 모릅니다. 개회 예배인데도 "모세야! 모세야! 네가 선 곳은 거룩한 땅이니 네 발에서 내 신을 벗으라."면서 크게 외쳤더니, 교수님들까지 은혜를 받았다고 합니다.

저는 협성부흥협의회 대표회장 직책을 왕성하게 수행하고 있습니다. 신학생 영성집회, 필리핀 전도집회, 미주 집회, 캘거리 수련회는 기억에 오래 남을 것 같습니다. 제가 열심히 사는 것이 아버님께 영광이 되리라 믿기에 더욱 열심히 뛰고 있습니다.

하나님의 은혜로 지난해보다 점점 집회 일정이 늘어나 금년에는 50여 회 초청을 받았습니다. 그 유명한 신현균 목사님이 시무하셨던 갈월교회와 지금은 아들 고신일 목사가 시무하는, 고용봉 목사님이 시무하셨던 기둥교회에서도 집회를 하였고, 그 외 지방 집회에도 많이 초청받고 있어 하나님께 감사드리고 있습니다.

그 중 특별히 기억에 남는 것은 10월 3일부터 6일까지 강경지방 연합집회가 강경제일교회에서 열렸는데, 30년 만에 찾아가는 고향이라 감개무량했습니다. 아버님이 계셨던 화정교회 교인들과 우곤교회 교인들이 많이 오셨고, 제가 있던 성동제일교회에서도 많이 참석하였습니다. 매우 반가웠습니다. 정치인들에게 정치 고향이 있듯, 저에게는 강경지방이 고향같이 느껴져 무척 마음이 푸근했습니다.

아버님! 호남선교대회 보고를 드리겠습니다. 지난 8월 27일에는 감리교 전체가 전남 광주에 있는 염주체육관에서 선교대회를 가졌는데, 모인 인원이 약 3만에서 5만까지 보도된 것을 보았습니다. 1부 예배 때 제가 사회를 보고 이호문 감독님이 설교를 하셨는데, 이런 귀한 자리에 세워 주신 하나님께 감사를 드렸습니다. 이때의 사진을 회보 표지 배경으로 했는데 매우 만족스러웠습니다. 또한 아버님이 저에게 물려주신 '타락하기 쉬운 부흥사' 라는 글을 회보 중간에 넣어 더욱 은혜로웠습니다.

다음은 「목사님 짱이야!」라는 책을 출간하였습니다. 그토록 책 내기를 원하셨던 아버님의 뜻을 따라 벌써 네 번째 책을 냈습니다. 아버님은 목사 되신 것을 무척이나 영광스럽게 생각하셨는데, 저 또한 목사가 되고 보니 아들 남욱이와 후배들에게 목회의 길은 십자가의 길이기도 하지만 영광스러운 길이라는 것도 자랑스럽게 물려주고 싶습니다.

어머님의 건강은 전만은 못해도 아직은 그만하신 거 같고, 5남매 또한 특별한 일 없이 잘 지내고 있습니다. 아버님, 열심히 살겠습니다. 아버님의 자랑스러운 아들로 하나님께 영광 돌리며 후회 없는 삶을 살겠습니다. 내년에 더 좋은 보고를 드리겠습니다.

아버지의 영성

어느덧 아버님께서 하나님의 부르심을 받은 지 9주년이 되었습니다. 세월은 많이 흘렀지만 여전히 아버님은 저의 가슴 속에 따뜻한 아버님으로 살아 계십니다.

얼마 전 충청연회 부흥단장인 정진삼 목사님을 만났습니다. 아버님은 기도를 많이 하시는 목사님이었다고 하시더군요. 아버님은 다방에서 나온 커피 한 잔을 놓고도 15분 정도를 기도하셨다고 회상하셨는데, 저는 그런 아버님이 자랑스러웠습니다.

아주 오래 전인 1974년 정 목사님이 아산시 영인면 역리교회에 계실 때, 아버님이 부흥회를 인도하신 뒤 교회 건축을 하게 되었다고 하시며 그때의 상황을 말씀해 주셨습니다. 그 당시 정 목사님은 결혼한 지 19일쯤 되었는데 아버님이 설교 시간에 제일 귀한 것을 드리라고 하셨답니다. 가장 귀한 것이 무엇일까를 생각하다가 약혼과 결혼 때 받은 금반지 두 돈 반을 드리게 되었는데, 여기에 성도들이 감동하여 교회와 주택을 건축하게 되었노라고 말씀하시더군요.

지난 2년간 저는 이호문 감독님이 운영하시는 신학교에서 '부흥사의 영성 관리'라는 과목을 강의하였습니다. 영성에 대하여 깊이 생각하게 되는 계기가 되었지요.

며칠 전 신문에서 '한국 교회를 빛낸 참 목사의 영성'이라는 제목으로 우리에게는 매우 익숙한 이용도, 주기철, 이성봉 목사님을 소개하였습니다. 그분들의 삶과 목회, 그리고 사상을 통하여 어두워져만 가는 이 시대의 교회들에 참된 목자상을 제시하려고 하니 참여하라는 광고가 있었습니다. 저는 그때 아버님이 떠올랐습니다. 저는 아버님을 이렇게 기억하고 있습니다.

1) 기도를 많이 하셨습니다. 교회에서 기도하실 때는 물론 가정 예배를 드리실 때조차도 언제나 무릎 꿇고 간절히 기도하시던 아버님의 모습을 생생하게 기억합니다. 새벽 기도 나가시기 전에 발까지 씻으셨다는 얘기는 어머님을 통해 들었습니다.

2) 찬송을 많이 하셨습니다. 집에서도 아버님 혼자 크게 찬송을 부르셨는데, 찬송 한 곡 끝나고 나면 감격에 겨워 얼마나 은혜스럽냐 하시며 감탄하곤 하셨지요. 대부분의 사람들은 새벽에는 소리가 잘 안 나오는데, 아버님만은 예외로 낮에 부르는 찬송과 새벽에 부르는 찬송 소리에 별 차

이가 없었습니다. 어느 시간대를 막론하고 언제나 진지하게, 크게, 그리고 마지막 절까지 부르시던 아버님의 모습이 그립습니다.

3) 성경을 많이 읽으셨습니다. 아버님의 성경책은 빨간색으로 줄이 쳐져 있었는데 빈틈이 거의 없을 정도였고 빨간 단풍이 연상되는 성경책이었습니다. 하나님의 말씀은 꿀 송이보다도 더 달다고 하시며, 이 맛을 모르는 사람들이 불쌍하다고 하셨지요.

4) 사랑이 많으셨습니다. 아버님은 성도들에게도 사랑 많으신 목사님으로 불렸고, 자식들에게도 많은 사랑을 보여 주셨습니다. 아버님의 눈엔 누구나 다 예뻐 보이는 은사가 있었는데, 오죽하면 아버님이 중매하실 때는 곧이곧대로 믿으면 실망하니 감해서 들어야 한다는 말까지 교인들과 가족들은 심심치 않게 했으니까요. 특히 식사기도 하실 때는 "이 음식을 만든 사랑하는 아내"라고 하시며 어머님에 대한 기도를 꼭 하셨지요. 자식들에게 비친 아버님은 참 목자의 영성을 소유하셨다는 사실에 조금도 주저함이 없습니다.

요즘은 인터넷을 통해 이메일을 쉽게 이용하니 참으로 세상이 좋아졌습니다. 오늘 9주년 기념으로, 하늘나라에 계신 아버님께 특별히 이메일로 보내 드리니 받아보세요. 어머님을 비롯하여 가족 모두가 행복하게 지내고 있고, 서광교회 성도들도 은혜 중에 잘 지내고 있습니다. 그럼 하늘나라에서 주님과 함께 행복하게 지내세요. 내년에 또 보고 드리겠습니다.

한 달만이라도 더 사시기를!

몇 년 전 초여름, 연천 최전방에서 총기 사고가 발생하여 꽃다운 병사 8명이 희생된 적이 있다. 5개월이 지난 뒤 풀리지 않는 사고의 의문점들을 방송에서 다룬 적이 있다. 아들의 영정 앞에서 어머니가 아들에게 쓴 편지를 읽는 모습을 보며 같이 가슴아파했다.

아버님이 하나님 앞에 가신지도 어느덧 9년째로 접어들고 있다. 9년이 흘렀는데도 한 시도 잊은 적이 없다면 거짓일까? 세월이 지날수록 더욱 또렷해지는 아버님의 모습에 지난날 제대로 효도 한번 하지 못했음을 죄송스럽게 생각하고 있다.

볼테르는 죽음 직전에 5분만 생명을 연장해 달라고 했다는데, 나 또한 9년 전 아버님이 돌아가시기 전에 한 달 만이라도 더 사시기를 그렇게도 원했었다. 왜냐하면 우리 아버님도 뉴밀레니엄 2000년대를 맞이하고 천국으로 가셨다는 위로를 받고 싶어서였다. 그러나 하나님의 뜻은 그렇지 않으셨던가 보다. 해 아래 새 것이 없듯, 살다 보면 오늘이나 그날이나 다 같은 이치에선가 보다. 아버님은 새 천 년을 한 달 앞둔 11월 말에 돌아가셨다. 그래도 한 달만 더 사셨으면……. 아마도 이것이 자식의 욕심인가 보다.

얼마 전 한영신학대학교에서 채플을 인도하게 되었는데, 학생들을 보고 있노라니 30여 년 전 내가 신학교 입학했을 때가 떠올랐다. 설교 서두에서 나는 "내 아버님은 경찰 공무원이셨는데 하나님의 은혜로 목사가 된 후, 열 번 남자로 태어나도 열 번 목사하고, 열 번 여자로 태어나면 열 번 사모하겠다고 하셨습니다. 아버님이 돌아가시기 얼마 전 입원하였던 병원을 나오시면서 혼잣말로 '하나님의 은혜로 주의 종이 되어 행복하게 살았네.' 라고 하셨는데, 그 말씀을 통하여 '목회는 정말 할 만한 일이구나!' 를 생각하게 되었습니다."라고 하였다.

지금도 아버님 같은 성품을 가진 분이 어떻게 경찰관을 했는지 의아하기만 하다. 아버님에게는 목사만이 천직이다. 무엇을 많이 남겨서가 아니라 그분의 삶이 그리스도를 닮으셨다고 믿기 때문이다. 나도 목회를 마치는 날, 과연 아버님 같이 하나님의 은혜로 주의 종이 되어 행복했다고 고백할 수 있을까?

가난한 목회 생활이 싫어 경영학과에 가서 돈이나 많이 벌고 싶다는 철없는 말을 했을 때, 아버지의 심정이 어떠하셨을지는 내가 자식을 키워 보니 알 거 같다. 어쨌든 아버님의 뜻에 따라 신학교에 입학하여 아버님이 그토록 원하던 주의 종 사역도 하고 있고, 부흥 단체에도 입단하여 바쁘게 말씀 전하며 살고 있고, 교계의 연합 활동 또한 왕성하게 하게 된 것도 결국은 아버님의 가르침 덕분이라고 확신하기에 감사할 뿐이다.

얼마 전 아버님과 각별하게 지내셨던 김우영 목사님이 하나님의 부르심을 받으셨다는 소식을 들었다. 짧은 인생일진데 촌음이라도 아껴야 되겠다고 다짐했다.

세월이 가고 있음은 주 앞에 갈 날이 다가오고 있다는 뜻이기도 한데, 그건 곧 아버님 뵈올 날 또한 가까워 온다는 뜻이기도 하다. 명심보감에서 삼강(三綱)은 임금은 신하의 본보기가 되고, 아버지는 아들의 본보기가 되고, 남편은 아내의 본보기가 되어야 한다는 말이다. 분명 아버님은 내 삶에 있어 본이 되고 있다. 나 또한 다음 세대에게 본을 보이기 위해 열심히 노력을 경주하고 있다. 오직 하나님께만 영광 돌리며 후회 없는 삶을 살려고 또다시 마음을 고쳐 잡는다.

홈런 한 방 날려버려!

요즘 내가 깨닫는 것이 있다. 목회는 야구 경기와 통한다는 것이다. 목회와 야구의 공통점을 생각해 보았다. 1) 혼자 하는 것이 아니고 가족이 함께 한다, 2) 언제 승리의 기쁨이 올지 모르니 인내가 필요하다, 3) 언제 위기가 닥칠지 모르니 늘 긴장 속에서 삼가 조심해야 한다.

내가 야구의 재미를 맛본 것은 80년대 초다. 일본에 거의 지고 있던 게임이었는데 마지막 대타로 나온 한대화 선수가 9회 말 역전 만루 홈런을 치는 바람에 실망하고 있던 국민들에게 기쁨을 안겨 준 경기를 본 것이다. 그 후 야구를 좋아하게 되었다. 심지어는 OB의 팬이 되기도 했다. 목사 가족이 OB팀을 응원하게 된 것은, 오로지 우리 교회 김 권사님이 두산그룹에서 근무를 하셨기 때문이다. 지금도 가끔 옛날 운동경기를 회상하는데, 그때마다 운동선수들 못지않게 흥을 북돋웠던 양 팀의 응원전이 떠오른다. 가장 인상 깊게 머릿속에 새겨진 응원 구호는 "홈런 한 방 날려버려!"다. 대부분 승패는 역전 만루의 홈런에 많이 좌우된다. 그렇지만 사실 이런 경기는 좀처럼 보기 힘들다.

어느덧 목회한지도 중반을 넘어섰건만 신통하다는 것이 별로 없으니 답답할 때가 많다. 그런 나에게 얼마 전 목회에서 '안타성 홈런'을 친 것 같은 속이 후련한 일이 있었다. 자식 자랑은 팔불출이라지만,

아버지의 영성

그래도 자랑을 하고 싶다.

막내아들이 지난 6월에 제대를 하였다. 군 생활에서 받은 2년간의 봉급 통장을 그대로 내놓았는데 1,522,667원이었다. '이 돈을 어떻게 쓰면 보람이 있을까?' 하며 행복한 고민을 하던 중 성령의 감동으로 성전 봉헌 예물로 드리자고 제안하였다. 모두 좋다고 동의하여 통장째 하나님께 봉헌하였다. 신학생으로서 생애에 보람 있는 일을 한 번 남겼으니 본인도 감사했을 것이고, 교인들에게도 약간의 감동을 주었으리라 생각하니 마음이 뿌듯했다.

교회 나온 지 얼마 안 되는 성도가 그날 점심 식사하는 자리에서 "목사님, 부럽네요." 라며 말을 건넸다. 나조차도 내 아들이 그런 통장을 내놓을 줄은 정말 몰랐다. 아들이 휴가 나왔을 때마다 아내는 아들에게 돈을 아껴서 쓰라고 하였기에 그냥 그러려니 했었는데, 이렇게 기특한 일을 할 것이라고는 전혀 생각지 못했다. 지금 같으면 더 많이 모았을 것이라고 덧붙여 말하는 아들이 기특하기도 했지만, 한편으론 측은하기도 했다. 군대 생활 해 본 사람은 다 알겠지만, 얼마 되지 않는 봉급에서 회식비 제하고 뭐 제하고 하다 보면 타 보지도 못하고 항상 부족하기 일쑤다. 그런 가운데서도 절약하는 사람이 꼭 있었는데 내 아들이 그렇게 절약했다 생각하니 마음이 찡해 왔다.

금년에도 변함없이 7월을 맞이하였다. 어린이 여름성경학교, 청소년 수련회 등 많은 생사들이 행해질 텐데 백 년 뒤를 내다보며 믿음의 교육을 실행하였으면 한다. "홈런 한 방 날려버려!" 이 말이 자꾸만 생각난다.